Puertas
al mundo hispánico

A Cultural Reader
Third Edition

John G. Copeland
University of Colorado

Ralph Kite
University of Colorado

Lynn A. Sandstedt
University of Northern Colorado

Vivian Vargas

McGraw-Hill Publishing Company

New York St. Louis San Francisco Auckland Bogotá Caracas
Hamburg Lisbon London Madrid Mexico Milan
Montreal New Delhi Oklahoma City Paris San Juan
São Paulo Singapore Sydney Tokyo Toronto

This is an EBI book.

Puertas al mundo hispánico
A Cultural Reader

1 2 3 4 5 6 7 8 9 0 DOC DOC 9 5 4 3 2 1 0

ISBN 0-07-540847-3

Library of Congress Cataloging-in-Publication Data

Puertas al mundo hispánico / John G. Copeland . . . [et al.]. — 3rd ed.
    p.   cm.
    Text in Spanish; introductory matter in English.
    ISBN 0-07-540847-3
    1. Spanish language—Readers—Civilization, Hispanic.
2. Civilization, Hispanic.   I. Copeland, John G.
PC4117.P8   1990
468.6'421—dc20   89-29859
                                                    CIP

Editors: Charlotte Jackson, Anne Weinberger, Margaret Hines
Production supervisor: Tanya Nigh
Text and cover designer: Detta Penna
Illustrators: George Ulrich, Bill Border
Photo researcher: Judy Mason
Printer/Binder: R. R. Donnelley & Sons Company
This book was set in Sabon by Jonathan Peck Typographers.

Grateful acknowledgement is made for the use of the following: *page 30* "El rey de la casa" © *Ser padres hoy* (January, 1989); *51* © Iberia Airlines; *83* © *Cambio 16*; *91* "Historia del hombre que se convirtió en perro," Oswaldo Dragún; *101* © *Diario 16*; *106* "Costas menores y mayor eficiencia," *Visión*, Suplementario de la Computación (March 25, 1985); *106* "Estrategias ante la crisis," *Visión*, Suplementario de la Computación (March 25, 1985); *109* © Sony España, S. A.; *113* © *Conocer*; *114* © Fujitsu; *131* Reprinted with permission of Hallmark Cards, Inc.; *146* "¿En qué idioma hablas pequeño?" *Ser padres hoy* (January, 1989); *154* © *Cambio 16*; *159* © *Cambio 16*; *170* © Iberia Airlines.

Contents

Preface

To the Instructor

This reader is designed to be used in conjunction with the third edition of the core grammar text, *Puertas a la lengua española*. It assumes that the corresponding unit of the grammar has already been learned, and it is designed to reinforce the grammar and vocabulary presented there. Its purpose is twofold.

First, it seeks to impart both historical and contemporary cultural information about life in the Hispanic world. The general focus of this information is on cultural contrasts; however, cultural similarities are emphasized a bit more than in the previous edition. In these discussions, of course, one must realize that almost any statement about culture is a generalization. Although it is clear that there is no single culture in the Hispanic world and that the culture of the United States is not as homogeneous as was once thought, there are certain general aspects of the two cultures in which we find notable differences: in the educational systems, in foods and mealtime customs, in attitudes toward the family, and so on. It is important that the instructor avoid letting students acquire stereotypes that might be misleading or erroneous. Although this text is written with care to avoid stereotypes, it is not always feasible to explain everything in complete detail: the instructor, as always, is the best source of clarification.

The second purpose of the text is to develop the students' reading skills in Spanish. Marginal glosses are used to ease the burden of unfamiliar vocabulary, especially in the early readings. Extensive use is made of cognates, where possible, and they are usually not glossed. Words that have been included to that point in the active vocabulary of the grammar or in the **Estudio preliminar** section of the reading are not glossed. All other words are glossed each time they appear in the text.

The exercise material is ample and in most circumstances will allow the instructor to be selective. The units begin with an **Estudio preliminar**, which presents Reading Strategies sections and signals words of frequent usage or that appear more than once in the reading. Two sets of questions follow the main reading: one reaffirms the students' general understanding of the content, and one allows for discussion of personal viewpoints regarding the theme of the reading. This latter set may be particularly useful in helping to avoid the development of stereotypes.

Following these questions are the **Estudio de palabras** and **Estudio de estructura** sections, which present cognate recognition and word formation in Spanish as well as some common grammatical structures encountered in the reading. These sections include both passive and active exercise material. Next come two additional short readings: a relatively simple **Práctica** that reinforces the material in the **Estudio** sections, and a more difficult section called **En directo** that presents a text taken directly from a Hispanic source (magazine, newspaper, and so on). Although these materials have been shortened, they have not been otherwise edited, and thus they present the student with selections of authentic Spanish. Also included at regular intervals in each unit are **Trozos culturales** and **Una última ojeada**, which present visually oriented realia and accompanying discussion questions.

Major changes in the Third Edition of *Puertas al mundo hispánico* include: updated readings in each unit (Unit 11 readings are entirely new), the addition of more reading strategies, and the inclusion of many more authentic materials—both realia and readings.
supplements the cultural information of the readings, and often offers contrasting viewpoints.

To the Student

Learning about the customs and values of another culture is one of the principal reasons for studying a foreign language. This text presents certain cultural differences as well as similarities between the Hispanic world (Spain, Mexico, and the Spanish-speaking countries of Central and South America) and the United States. Frequently this kind of discussion requires generalizations about both cultures to which there will always be exceptions. For example, if your family is a large, extended family, where the relatives are all close and even live together, you may feel that the stress put on that aspect of Hispanic life is overstated. It is the case, nevertheless, that the extended family is much more common in the Hispanic world than in the United States, where the nuclear family—parents and children only—is more common. Therefore, in your reading, you will want to accept these generalizations for what they are.

Another purpose of this text is to develop your reading skills in Spanish. Reading skills are always passive skills, both in your native language and in a foreign language. You are able to recognize and understand a great deal more than you are normally able to say or write in either language. Two extremely important aids in the development of passive skills are the recognition of cognates (words that are very similar in both languages, for example, *class* and **clase**) and the ability to figure out the meaning of a word by looking at its component parts. If you learn that **-tener** in Spanish is the equivalent of *-tain* in English, then you will recognize **contener, detener,** and **retener** as cognates. So that you will develop these skills, many cognates are not translated for you in the readings. You should try to guess the meaning of unfamiliar words when you encounter them. Be assured that when the meaning of a word is not what it seems (for example, **parientes,** which looks like *parents* but means *relatives*), it will be translated.

Doing the exercises that precede and follow the readings will make them seem "easier" to you, as well as make you aware—when reading in Spanish—of reading strategies that you use when reading in your native language: guessing the meaning of words in context, paying attention to the meaning of short but important words (*and, but, however, . . .*), and so on.

We hope that you will enjoy in particular the readings of Units 9 and 10—a short play, sections from articles from Hispanic magazines—as well as the short poems and authentic texts that are scattered through the text. Learning to read authentic materials of this kind is one of the major goals of studying a foreign language, and the ability to read Spanish is a skill that will open many cultural doors for you.

Unidad preliminar

Centro comercial (Shopping center) en Santiago de Chile

What is culture? How does culture affect language learning?

1

La lengua y la cultura

An exciting aspect of learning a foreign language is discovering the culture that uses the language—learning about the habits, customs, life-styles, concepts, values, traditions, arts, and institutions of a given people. Hispanic cultures are varied; they include those of Spain and Spanish America as well as those of the many Hispanics who live in the United States. While some facets of Hispanic culture such as food specialties, traditional clothing, holidays, and pastimes vary from country to country, Hispanics share a system of attitudes so ingrained that it is largely unspoken. The study of those cultural systems and patterns helps us understand more about the world at large and more about our own culture.

Sometimes understanding just a small difference in customs tells us a great deal about the culture to which we are being introduced. For example, in learning to use three daily greetings in Spanish—**Buenos días, Buenas tardes,** and **Buenas noches**—we necessarily become aware of certain cultural differences. One difference is that Hispanic people are more concerned about outward formality. In the United States, we do not feel that we have to say *Good morning. How are you?* to begin a conversation. Since a Hispanic person expects it, however, North Americans may seem less than friendly if they do not observe this ritual when speaking Spanish. This tendency to value formal manners more highly than we do extends to many other areas, such as invitations to stay for dinner and offers of help with a problem. These offers should be considered in the spirit in which they are made—that of politeness. For example, if you ask for directions on the street of a Hispanic city, you will invariably receive a detailed reply whether or not the person you asked knows the way, because it would seem impolite not to respond to your question. It is important to understand that this is not insincerity; it is a higher degree of concern for manners.

A second cultural difference reflected in the daily greeting patterns concerns *when* each greeting is used. Hispanics divide their day in a way unfamiliar to most North Americans. **Buenos días** is used until the main meal, with its midday break or **siesta,** which lasts about three hours in the early afternoon; during this time, most businesses close, workers go home for lunch, and children go home from school. It is an important gathering time for the family. At around 4:00 P.M., stores and factories reopen and remain open until about 8:00 P.M.. Thus, although **Buenas tardes** means *Good afternoon*, it is used until 8:00 or 9:00 P.M., giving **tarde** a slightly different meaning than the English *afternoon*. As you can see, while it is fairly easy to learn to say **Buenas tardes,** you must know something of Hispanic culture to use this greeting properly.

Greetings are a relatively simple example of how important cultural context is to language study. When you consider that such words as **familia** and *family* seem to be equivalent, but can have very different meanings within their own cultural contexts, the need to study the Hispanic world as a whole becomes apparent.

Sevilla, España. Saludos entre (among) *amigos*

As you read the essays in this book, keep in mind that all discussions of culture are based on generalizations. The custom of the **siesta** is a good example. Although it is a definite tradition in the Hispanic world, it is not practiced in certain major cities, such as Buenos Aires. Many factors may vary—the hours of the midday break (12:00 to 3:00; 1:00 to 4:00; 2:00 to 5:00), the number of hours taken, the kinds of businesses that close, the seasons in which the **siesta** is emphasized, and so on. In some areas, schools reopen after the **siesta**; in others, they do not. While working people traditionally go home for lunch, that is not always possible. Yet this break is important to Hispanic culture, even though we cannot always say exactly what it is, and it clearly differs from practices in the United States.

Since we often discuss a culture in terms of its contrasts with our own, generalizations about both cultures are inevitable. Such generalizations may sometimes seem false to you if you are aware of the diverse national and ethnic origins of the inhabitants of the United States. Nevertheless, generalizations are essential to discussions of culture, just as recognizing cognates—although they are often imprecise equivalents—is essential to language learning.

Estudio de palabras

It is challenging to learn a language with the diversity of dialects that Spanish has. There is no such thing as truly standard Spanish; in fact, there are wide differences in usage among the various regions of the Hispanic world. A number of distinct dialects exist in Spanish America, and within Spain there are several more. A dialect is not a separate language, nor is one dialect preferable to another. A dialect is simply the sum of the variants in vocabulary and pronunciation that characterize the Spanish spoken in a particular place. For expediency, you initially will learn a somewhat generalized Spanish that uses the pronunciation and vocabulary occurring in the largest number of dialects; but to supplement your knowledge of basic Spanish, you will learn to recognize common regional variants of vocabulary and pronunciation. For example, responses used to answer the telephone include the following, translated literally here.

Diga.	*Talk.*	Bueno...	*Well . . .*
Dígame.	*Talk to me.*	Sí.	*Yes.*
Aló.	*Hello.*	Oigo.	*I'm listening.*

Only **Diga** (Spain) and **Dígame** (Spain and Spanish America) are usually taught, because they are the most widespread. If you visit a Hispanic country, you will have to find out what the people there say. Of course, you will still be able to communicate even without knowing all the variants, but the more you know, the richer your appreciation of Spanish will be.

Estudio de estructura

A. There are a few useful points you should learn before you begin reading Spanish. These points will be covered elsewhere, and you will learn to use them actively later. For now, just learn to recognize them.

Adjectives in Spanish usually *follow* the nouns they modify.

una semana **interesante**	*an interesting week*
un elemento **cultural** muy **importante**	*a very important cultural element*

Since nouns in Spanish cannot be used as adjectives, they are found in adjective phrases with **de** (of).

la clase **de** español	*the Spanish class*
el departamento **de** música	*the music department*

The word **no** in Spanish often is translated as *not* in English.

Juan **no** habla español.	*John does not speak Spanish.*
Hoy **no** es sábado.	*Today is not Saturday.*

Can you recognize the meanings of the following Spanish phrases?

la unidad preliminar	la profesora de arte
la sección final	la clase de historia

la música clásica   el compañero de clase
una nación democrática   un examen de francés
un presidente republicano   una ensalada de tomate

B. Another reading skill is recognizing cognates—words that mean the same thing in English and Spanish and have almost the same spelling. See if you can guess what these responses mean.

Buenos días.
¿Cómo estás?

¡Magnífico!
¡Estupendo!
¡Espléndido!
¡Espectacular!
¡Fantástico!

1

La educación

Conversan dos estudiantes de la Universidad de Puerto Rico.

© COMSTOCK

Different cultures have different educational systems. Have you chosen your major yet? In Hispanic countries it is often necessary to select an area of specialization in high school.

Estudio preliminar

A. *Reading strategies*: Before you begin to read this or any selection in this book, try to anticipate its content by gathering as much information as you can about it. Look at the photo on the first page of the unit and read the caption that accompanies it. Scan the glosses, the words translated in the margin of the reading. Look at the other photos and visuals in the unit and scan any captions or written material that they contain. Read over the questions at the end of the passage to find what information you will want to look for in the reading. By acquiring the habit of collecting all the information possible before beginning to read, you will increase your comprehension, retention, and enjoyment of the reading.

B. Here are some new words you will encounter in this reading section. Study them before you begin to read.

VERBOS

completar	*to complete*
pasar (a)	*to pass, move (on to)*
reflejar	*to reflect*

SUSTANTIVOS

el/la alumno/a	*student*
la escuela primaria	*elementary school*
la escuela secundaria	*high school*
el/la maestro/a	*teacher*
la materia	*course, subject*
el oficio	*trade, skill*
el/la pariente	*relative*
la pensión	*boarding house*

ADJETIVOS

común	*common*
obligatorio	*obligatory, required*
particular	*private*
todo	*all*

OTRAS PALABRAS Y EXPRESIONES

a veces	*sometimes*
como	*like, as*

Which of these words are cognates? Are there any false cognates, words that look similar in Spanish and English but have different meanings?

El sistema de educación refleja las tradiciones de una cultura. En la universidad hispánica hay énfasis en la preparación profesional. La especializa-
ción comienza° cuando° el alumno entra en la universidad. A veces es necesario   *begins / when*
escoger° la especialización en la escuela secundaria.   *to select*

Generalmente, en el sistema hispano las materias son obligatorias. El estudiante entra en el primer° curso y necesita completar todas las materias antes   *first*
de pasar al segundo.° Continúa así hasta° terminar con los años que su carrera   *second / Continúa... He*
requiere.°   *continues that way until*
su... his course requires

CERTIFICADO **NUM.** 7503 UNIVERSIDAD NACIONAL AUTONOMA DE MÉXICO.
SECRETARIA GENERAL
DIRECCIÓN GENERAL DE SERVICIOS ESCOLARES

EXPEDIENTE No. 62-3806

CERTIFICO:

QUE SEGÚN CONSTANCIAS QUE EXISTEN EN EL ARCHIVO GENERAL DE ESTA UNIVERSIDAD **la**
señorita
CURSO Y APROBÓ EN LA **Facultad de Filosofía y Letras** --------------------
---------------- DE ESTA INSTITUCIÓN **29** ASIGNATURAS QUE **cubren íntegra-**
mente el plan de estudios respectivo de la carrera de LICEN—
CIADO EN HISTORIA.--

U.N.A.M.

NUM.	AÑO	ASIGNATURAS	CALIFICACIONES SEM.I	SEM.II
1.-	1985	Historiografía General.	9	7
2.-	"	Historiografía de México.	9	9
3.-	"	Geografía Histórica General.	7	
4.-	"	Geografía Histórica de México.	6	
5.-	"	Técnica de la Investigación Histórica.	9	9
6.-	"	Historia de la Ciencia.		9
7.-	"	Historia de las Artes Plásticas.	7	10
8.-	"	La Conquista de México.		8
9.-	1986	Historia de México Siglos XVI y XVII.		9
10.-	"	El Siglo XVIII Mexicano.	9	
11.-	"	México Contemporáneo.	8	
12.-	"	La Reforma y Contrarreforma.		8
13.-	"	Las Revoluciones Inglesa, Norteameri-		
		cana y Francesa.		7
14.-	"	Descubrimiento y Conquista de América.	8	
15.-	"	Historia del Arte Precortesiano.	8	8
16.-	"	Historia del Arte Colonial Mexicano.	9	9
17.-	"	Historia del Arte Moderno.		8
18.-	"	Cultura de la Edad Media.	8	
19.-	1987	Filosofía de la Historia.	10	10
20.-	"	La Edad Media en Europa.	9	10
21.-	"	Los Estados Europeos Constitucionales.	9	10
22.-	"	El Imperio Español Siglos XVI y XVII.	9	
23.-	"	Euroamérica.		10
24.-	"	Los Arabes.	8	9
25.-	"	Seminario de Historiografía.	10	10
26.-	1988	La Edad Media en España.	10	
27.-	"	El Mundo Contemporáneo.		9
28.-	"	El Sentido de la Evangelización Purita-		
		na en los Indios de Nueva Inglaterra.	10	9

Firma del Int.

---------------- CUMPLIO CON LA TRADUCCIÓN DEL IDIOMA INGLÉS.--------
----------------------- MATERIA FUERA DE PLAN ----------------------

| 29.- | 1988 | Arte Contemporáneo. | | 8 |

ESTE CERTIFICADO AMPARA CUARENTA Y UN SEMESTRES.------------

ESCALA DE CALIFICACIONES:
DEL 0 AL 10

MÍNIMA PARA SER APROBADO
6 (SEIS)

A pedimento de la interesada y para los usos legales a que
haya lugar, se expide el presente en la Ciudad Universitaria,-
Distrito Federal, a los veintidós días del mes de agosto de --
mil novecientos noventa.------------------------------------

El Secretario General.

Lic. Fernando Solana.

Jefe de la Oficina.

MLP/iyr.   María Luz Pescina.

Expediente académico (Transcript) *de una estudiante de la Universidad Nacional de
México con las materias del programa de historia. ¿Qué tipo de materias no esperaría
Ud. encontrar* (would you not expect to find) *en un programa de historia en los EE.UU.
(U.S.)?*

En muchas universidades hispánicas no hay un campus central. La Universidad Nacional Autónoma de México (UNAM) es una excepción porque tiene un campus central muy grande.

¿Dónde viven° los estudiantes universitarios en el mundo hispánico? Generalmente no hay tantas residencias como° en los Estados Unidos. Los estudiantes viven en pensiones, en casa con sus padres,° o en la casa de un pariente. Raramente hay un *campus* central. Las universidades casi° siempre están° en una ciudad° grande° y las facultades pueden estar° en cualquier° parte de la ciudad. Generalmente los estudiantes no toman clases en dos facultades. En las universidades con instalaciones más recientes° hay una tendencia hacia° el campus central como en los Estados Unidos. También hay una tendencia a crear° nuevos° programas interdisciplinarios.

live

tantas... as many dormitories as
sus... their parents
almost

are / city / large / pueden... may be / any

instalaciones... more recent facilities / toward

to create / new

Habitación (Room) *de una residencia moderna para estudiantes en la Universidad de Córdoba, España. ¿Vive Ud. en una residencia para estudiantes? ¿Cómo es la habitación de Ud.?*

Conversación entre (between) estudiantes y profesores en la Universidad de los Andes, Bogotá, Colombia. ¿Habla Ud. mucho con sus (your) profesores? ¿Es importante el contacto informal entre estudiantes y profesores?

La idea de una facultad de *liberal arts* para la educación general no es común en las universidades hispánicas. En la facultad de Filosofía y Letras enseñan idiomas, historia, arte, literatura y filosofía para los estudiantes que°   who
desean dedicarse a enseñar esas° materias en la escuela secundaria. General-   those
mente los estudiantes que desean ser maestros de la escuela primaria estudian
en una «escuela normal» y no en la universidad. La escuela normal es como
una facultad de educación en los Estados Unidos. También existen las escuelas
vocacionales. Allí° enseñan oficios como la mecánica. Hay además° escuelas   There / also
particulares que° preparan a los estudiantes para ser secretarios o contables.°   that / accountants

Preguntas   **A.**   Complete las frases según la lectura. (*Complete the sentences according to the reading.*)

1. La especialización en el sistema hispánico refleja el hecho (*fact*) de que la universidad es para la _____ .
2. El sistema parece rígido (*seems rigid*) porque las materias son _____ .
3. Las universidades hispánicas no asumen el papel (*role*) de padres (*parents*) de los estudiantes y por eso (*therefore*) éstos (*the latter*) no necesitan vivir en _____ .
4. Los estudiantes estudian en sólo (*only*) una _____ ; por eso las universidades no necesitan _____ .
5. Pero el *campus* ayuda (*helps*) en la creación de _____ .
6. La filosofía y las letras no son en sí (*themselves*) profesiones. Esas (*Those*) materias las estudian los futuros _____ .
7. Los estudiantes que desean ser mecánicos, secretarios, contables, etcétera, estudian en _____ .

B.   Conteste estas preguntas personales. (*Answer these personal questions.*)

1. ¿En qué facultad estudia Ud.?
2. ¿Toma Ud. clases en otra (*another*) facultad también?

3. ¿Qué materias estudia Ud.?
4. ¿Qué otros idiomas estudia Ud.?
5. ¿Qué días de la semana no hay clases?
6. ¿En qué meses estudia Ud. en la universidad?

Trozos culturales

This is a notice of a public competition for several vacancies at the **Universidad Complutense de Madrid.** Here **facultad** is the equivalent at times of a college or university department. Study the ad, then answer the questions on the following page.

VOCABULARIO ÚTIL

el/la asociado/a	*associate (professor)*
el/la ayudante	*assistant (professor)*
la cirugía	*surgery*
el derecho	*law*
docente	*teaching*
empresarial	*business*
la estadística	*statistics*
la hacienda	*treasury*
la hora	*hour*
el periodismo	*journalism*
la plaza	*position, place*

UNIVERSIDAD COMPLUTENSE DE MADRID

SERVICIO DE PERSONAL DOCENTE

CONVOCATORIA DE CONCURSO PÚBLICO PARA LA ADJUDICACIÓN DE CONTRATO CURSO 1988-1989

FACULTAD DE GEOGRAFÍA E HISTORIA
1 plaza de Profesor Asociado, 6 horas. Departamento: ANÁLISIS GEOGRÁFICO REGIONAL Y GEOGRAFÍA FÍSICA.
1 plaza de Ayudante LRU. Departamento: GEOGRAFÍA HUMANA.
1 plaza de Profesor Asociado, 6 horas. Departamento: HISTORIA MEDIEVAL.

FACULTAD DE CIENCIAS DE LA INFORMACIÓN
1 plaza de Ayudante LRU de Escuela Universitaria (para el primer ciclo en la facultad). Departamento: DERECHO INTERNACIONAL PÚBLICO Y RELACIONES INTERNACIONALES (Relaciones Internacionales).
1 plaza de Ayudante LRU. Departamento: PERIODISMO I.

FACULTAD DE CIENCIAS GEOLÓGICAS
1 plaza de Ayudante LRU. Departamento: CRISTALOGRAFÍA Y MINERALOGÍA.

FACULTAD DE CIENCIAS FÍSICAS
1 plaza de Ayudante LRU de Escuela Universitaria (para el primer ciclo en la facultad). Departamento: ÓPTICA.

FACULTAD DE CIENCIAS MATEMÁTICAS
1 plaza de Ayudante LRU de Escuela Universitaria (para el primer ciclo en la Facultad). Departamento: ANÁLISIS MATEMÁTICO.
1 plaza de Profesor Asociado, 6 horas. Departamento: ESTADÍSTICA E INVESTIGACIÓN OPERATIVA.

FACULTAD DE CIENCIAS ECONÓMICAS Y EMPRESARIALES
1 plaza de Ayudante LRU de Escuela Universitaria (para el primer ciclo en Facultad). Departamento: ESTRUCTURA ECONÓMICA Y ECONOMÍA INDUSTRIAL.
1 plaza de Profesor Asociado, 4 horas. Departamento: ANÁLISIS ECONÓMICO.
1 plaza de Ayudante LRU. Dpto.: HACIENDA PÚBLICA Y SISTEMA FISCAL.

FACULTAD DE FILOSOFÍA Y CIENCIAS DE LA EDUCACIÓN
1 plaza de Profesor Asociado, 6 horas. Sección Departamental de Psicobiología.

FACULTAD DE FARMACIA
1 plaza de Ayudante LRU de Escuela Universitaria (para el primer ciclo en la Facultad). Sección Departamental de FISIOLOGÍA ANIMAL.

FACULTAD DE CIENCIAS BIOLÓGICAS
1 plaza de Ayudante LRU. Departamento: BIOLOGÍA VEGETAL I.
1 plaza de Ayudante LRU. Dpto.: BIOQUÍMICA Y BIOLOGÍA MOLECULAR I.

FACULTAD DE VETERINARIA
1 plaza de Ayudante LRU. Departamento: PRODUCCIÓN ANIMAL.

FACULTAD DE DERECHO
1 plaza de Profesor Asociado, 3 horas. Dpto.: DERECHO ADMINISTRATIVO.

FACULTAD DE MEDICINA (HOSPITAL GÓMEZ ULLA)*
1 plaza de Profesor Asociado, 3 horas. Departamento: MEDICINA II (Dermatología).
1 plaza de Profesor Asociado, 3 horas. Departamento: CIRUGÍA.

Preguntas   1.   ¿Estudia Ud. en una de estas (*these*) facultades o departamentos? ¿Piensa (*Do you plan*) estudiar en una? ¿Cuáles (*Which*) de las facultades hay en su (*your*) universidad?
2.   ¿Hay concursos (*contests*) públicos para las plazas en las universidades norteamericanas (*U.S.*)? En su opinión, ¿qué sistema es mejor (*better*)?

Estudio de palabras

Many words in Spanish and English look very similar, with only minor spelling differences. If you can learn to recognize these patterns of difference quickly, you will increase your Spanish vocabulary very rapidly and easily. As you progress, you will also be able to predict how to spell many words in Spanish. This section of *Puertas al mundo hispánico* is devoted to developing these skills.

One very common spelling change is that English *-tion* becomes **-ción** in Spanish. Words with this ending are always feminine.

Can you guess the meaning of these words?

la nación	**la acción**	**la creación**	**la especialización**
la vacación	**la tradición**	**la preparación**	**la constitución**

Can you give the Spanish for these words?

concentration   operation   contamination   aviation

Words ending in *-sion* in English usually end in **-sión** in Spanish. Note that there are very few double letters in Spanish; English *-ssion* becomes **-sión** in Spanish. These words are feminine.

What is the English equivalent of these words?

la pasión   la mansión   la confusión   la impresión

Another common spelling change is that English *-ology* becomes **-ología** in Spanish.

What do these words mean?

la antropología	**la filología**	**la metodología**
la psicología	**la ideología**	**la geología**

Can you give the Spanish spelling for these words?

ecology   cardiology   radiology

Now express the following words in Spanish.

1.   María estudia _____ . (*biology*)
2.   Es _____ importante. (*an institution*)
3.   Buscamos un libro de _____ . (*astrology*)
4.   Los estudiantes preparan _____ . (*the celebration*)
5.   ¿Esperas _____ favorable? (*a decision*)

Estudio de estructura

To read Spanish easily, you must become accustomed to ways that Spanish differs from English in word order and manner of expression. This section of *Puertas al mundo hispánico* will help you develop these skills.

A.   Omission of subject pronouns. As you know, subject pronouns are often not expressed in Spanish, since the verb form, with its personal ending, shows both person and number. One subject pronoun that is almost never expressed in Spanish is *it*, especially with the verb **ser**.

¿Cómo es la clase? —**Es** interesante.	*What is the class like? —It is interesting.*
Es necesario trabajar.	*It is necessary to work.*

Express these sentences in English.

1.   ¿Qué es esto (*this*)? —Es un libro.
2.   Es importante escuchar.
3.   Es una clase fascinante.
4.   Termina mañana.
5.   Refleja las aspiraciones de la nación.

B.   Word order in Spanish. Another way that Spanish often differs from English is in word order. The subject of a sentence may follow the verb.

Son difíciles **los exámenes orales**.	*Oral exams are difficult.*

Express these sentences in English.

1.   Habla español el profesor.
2.   Escuchan los alumnos a una mujer.
3.   Estudia el niño la situación.
4.   Llama el profesor a la alumna.

Remember that when the object of the verb is a person, you need to use the personal **a** before it, so that there will be no danger of confusion in sentences where both the subject and the direct object follow the verb: **Llama *al* profesor la alumna.** Compare the meaning of this sentence with that of sentence 4, in B. The word order is the same, but the personal **a** shows which noun is the subject and which is the object of the verb. It is important to be alert to the presence of the personal **a** when you are reading.

   If there is no personal **a**, the verb form will often show the distinction between subject and direct object. Compare these two sentences. Can you translate them?

   Refleja el sistema de educación las tradiciones de la cultura.
   Reflejan el sistema de educación las tradiciones de la cultura.

Práctica

After reviewing the material in **Estudio de palabras** and in **Estudio de estruc-tura,** try to read the following passage without looking up any words.

En la mayoría° de las naciones modernas la educación es obligatoria. Pre-para a los ciudadanos° para formar parte de la sociedad. Esto no es una decisión personal. El individuo desea la protección y los privilegios de una sociedad libre.° La sociedad necesita ciudadanos con educación que puedan° expresar sus opiniones en las elecciones.

> *majority*
>
> *citizens*
>
> *free / que... who can*

Otra función de la educación es enseñar a los jóvenes° una profesión o un oficio. Ésta° es una decisión personal. Pero la sociedad también necesita ciuda-danos productivos para progresar. En la sociedad moderna, ¿es una obligación del ciudadano trabajar?

> *young people*
>
> *This*

How well did you understand the reading passage? Answer **C** (**cierto**) if the following statements are true, and **F** (**falso**) if they are false. You will find the answers to this and other similar exercises in Appendix 2.

1. _____ En muchas naciones, la educación es una obligación.
2. _____ El individuo no necesita una preparación para tomar parte en la sociedad.
3. _____ El individuo necesita la sociedad.
4. _____ Una sociedad progresa cuando (*when*) hay muchos ciudadanos con profesiones o con oficios.

En directo*

Igual que en los Estados Unidos° los estudiantes hispánicos tienen° problemas de dinero que a veces se resuelven° con ayuda° del gobierno como se lee° en un artículo de *El País Internacional,* un periódico° de Madrid que se distribuye en todo el mundo.°

> *Igual... Just as in the United States / have*
> *se... are solved / help / como... as is read*
> *newspaper*
> *se... is distributed all over the world*

Educación destinará° 50.000 millones de pesetas (alrededor de° 430 mi-llones de dólares) para becas° de alumnos de enseñanzas medias° y uni-versitarias el próximo° curso..., con lo que° el número de estudiantes que podrá beneficiarse° de estas ayudas° ascenderá a 600.000.

de *El País,* junio 1988

> *will earmark / alrededor... around*
> *scholarships / enseñanzas... intermediate instruction*
> *next / con... thus*
> *podrá... will be able to benefit / aids / will rise*

---

*This section presents authentic text taken directly from Hispanic sources on the unit topic.

Preguntas 1. Si el gobierno ofrece (*offers*) becas para la educación media y universitaria significa (*it means*) que _____ paga (*pays*) sólo (*only*) parte de su (*his*) educación.
2. ¿Es gratis (*free*) la matrícula (*tuition*) en su universidad? ¿Debe ser (*Should it be*) gratis, en su opinión?
3. ¿Estudia Ud. con una beca? ¿Necesita Ud. más dinero para pagar sus gastos (*expenses*)?

Una última ojeada (*last glimpse*)

The following ad from Spain publicizes a number of courses offered in the field of communications.

VOCABULARIO ÚTIL

acceder	*to gain access to*	las oposiciones	*competitive test*
el comienzo	*start*	publicitario	*advertising*
la grabación	*recording*	la realización	*production*
la moda	*fashion*	el sonido	*sound*
el montaje	*mounting (a show)*		

Preguntas 1. ¿Enseñan algunos (*any*) de estos (*these*) cursos en la universidad de Ud.? ¿cuáles (*which ones*)? ¿Toma Ud. uno de estos cursos o desea tomar alguno? ¿Cuál(es)?
2. En su (*your*) opinión, ¿son éstas (*these*) las profesiones de hoy como indica el anuncio (*ad*)? ¿y las (*those*) de mañana? ¿Por qué?

La geografía

Las montañas de Bolivia. ¿Monta Ud. (Do you ride) en su bicicleta a 12.000 pies (feet) de altura (altitude)?

© PHOTO RESEARCHERS

Do you think of Latin America as having a tropical climate? When you think of Spain, do you think of sunny beaches? These ideas about the geography and climate of Hispanic countries tell only part of the story.

Estudio preliminar

A. *Reading strategies:* As you know, adjectives in Spanish agree with and often follow the nouns they modify. Remember this feature of Spanish word order if you are having difficulty understanding a Spanish sentence. It may be helpful to check to see if a noun is followed by an adjective. The meaning of the adjective may help you guess the meaning of the noun, and vice versa. For example, in English if you come to the phrase *the primeval forest*, you may not be familiar with *primeval*, but you do know that it is an adjective that describes *forest*. Try to make similar deductions when reading Spanish. Remember that the English pattern *article + adjective + noun* is often *article + noun + adjective* in Spanish.

Can you understand the *noun + adjective* phrases in these sentences? You will find the answers to this and other similar exercises in Appendix 1.

1. El hombre anciano mira el desierto seco.
2. Los ríos caudalosos entran en el mar inmenso.
3. El viajero alto visita la costa del sur.

B. Here are some new words you will encounter in this reading selection. Study them before you begin to read.

VERBOS		OTRAS PALABRAS Y EXPRESIONES
descubrir	*to discover*	
establecer	*to establish*	por *for; by; along*
exhibir	*to exhibit, show*	que *that*

SUSTANTIVOS

la colonia	*colony*
la isla	*island*
el pescado	*fish*
el resultado	*result*
el siglo	*century*
la vida	*life*

ADJETIVOS

frío	*cold*
mismo	*same*
próximo	*next*
varios	*several*

Which of these words are cognates? Can you find any words that are similar in form and meaning to these English words: *frigid, vital, proximity, isle?* Are any words on the list false cognates?

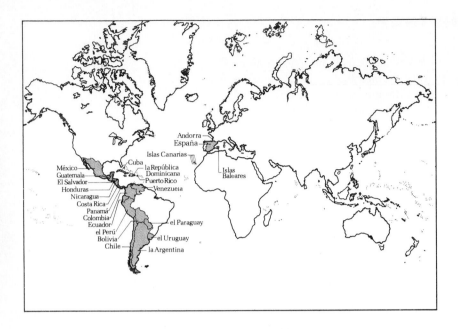

Para comprender la vida y la cultura hispánicas, es necesario conocer° la geografía de los países de habla española.° Frecuentemente la geografía es importante en la historia y la cultura de una región. Varias costumbres y tradiciones son el resultado de la geografía.

to know, be familiar with
de... Spanish-speaking

Patio de los Leones, La Alhambra, Granada, España. Los jardines (gardens) *y edificios* (buildings) *de la Alhambra representan el apogeo* (high point) *del arte moro en España. Sin duda* (Without a doubt), *la Alhambra es uno de los lugares mas hermosos del mundo.*

España comparte° la Península Ibérica con Portugal. Tiene° costas bonitas   *shares / It has*
en el Mar Mediterráneo y en el Océano Atlántico. El mar es muy importante
para la economía española y el pescado es un alimento° importante.   *food*

El mar es muy importante en la historia de España también. Los griegos
construyen* puertos° en la península en 600 (seiscientos) antes de Cristo.° Los   *Los... The Greeks build ports / antes... before Christ* (B.C.)
romanos llegan por mar en 211 (doscientos once) antes de Cristo y dominan
durante° seis siglos. La cultura romana es una de las bases fundamentales de la   *dominan... dominate for*
cultura hispánica. También los moros° de África llegan por mar y pasan casi   *Moors*
ocho siglos en España. Especialmente° en el sur de España hay influencia cul-   *Especially*
tural de África.

España también viene a ser el imperio más grande del mundo° cuando   *viene... comes to be the largest empire in the world*
descubre Cristóbal Colón el Nuevo Mundo. Primero establecen colonias en las
islas del Caribe y hoy hay tres islas donde hablan español: Cuba, Santo
Domingo y Puerto Rico.

La próxima colonia española es México. Hernán Cortés domina a los aztecas en el siglo dieciséis, y decide construir la Ciudad de México en el mismo
lugar° que ocupa Tenochtitlán, la capital azteca.   *place*

México exhibe una geografía variada que es común en el continente americano. Las costas son tropicales y verdes, pero hay también montañas con
nieve° durante todo el año. La capital, la Ciudad de México, está en una   *snow*
meseta° donde el clima es moderado. México es hoy el país hispánico de   *plateau*
mayor° población.   *greatest, largest*

© STUART COHEN/COMSTOCK

En muchos países his-
pánicos hay montañas
cubiertas (covered) *de*
nieve (snow) *durante*
todo el año como éstas
(these) *en México.*

---

*Note the use of the present tense in historical narration; it is used to give a sense of immediacy to
events in the past.

Vista (View) de la Ciudad de México desde (from) el piso (floor) 52 del Hotel de México. La capital está en una meseta y está rodeada de (surrounded by) montañas. Es una ciudad grande y hermosa, pero la contaminación (pollution) es un problema muy grave. ¿Hay contaminación en la ciudad donde vive Ud.?

De México los españoles van a Centroamérica. Es una región de muchas montañas y de un clima principalmente tropical. Los países hispánicos de esta zona son seis: Guatemala, El Salvador, Honduras, Nicaragua, Costa Rica y Panamá.

Machu Picchu, una de las ruinas más impresionantes (impressive) de los incas, está situado en los Andes del Perú.

Después° los españoles pasan por la costa a la América del Sur. En el Perú encuentran° otra civilización importante, la de° los incas. La exploración da° como resultado nueve países hispánicos en el continente: Venezuela, Colombia, Ecuador, el Perú, Bolivia, Chile, la Argentina, el Paraguay y el Uruguay.

La geografía de la América del Sur presenta un poco de todo. Los Andes dominan en el oeste. En el centro hay selvas° tropicales y en el sur de la Argentina, el país hispánico más grande, el clima es frío. La distancia que hay del sur de la Argentina y Chile hasta° el Polo Sur es de solamente 2.500 millas°— casi la misma distancia que hay de Minneapolis al Polo Norte. En la costa del oeste, el desierto de Atacama, situado° en el norte de Chile y el sur del Perú, es una de las regiones más áridas° del mundo.

Then, Next

they find / la... that of / yields

jungles

to / miles

situated

más... driest

Preguntas

A. Complete o conteste según la lectura.

1. La geografía frecuentemente es importante en _____ , _____ , _____ y _____ de una región.
2. El mar es importante económicamente para España porque (*because*) _____ .
3. ¿Por qué son más conocidas (*known*) las playas tropicales del mundo hispánico que las selvas y los desiertos?
4. ¿Por qué hay tanta variedad de clima en la América del Sur?
5. ¿Cuántos son los países hispánicos según la lectura? ¿Cuántos puede Ud. nombrar sin (*can you name without*) mirar el texto?

B. Conteste estas preguntas personales.

1. ¿Desea Ud. viajar a un país hispánico después de (*after*) terminar sus (*your*) estudios? ¿Cuál (*which one*)?
2. ¿Dónde vive Ud.? ¿Dónde desea vivir? ¿Por qué?
3. ¿A Ud. le gusta la geografía del lugar donde vive? ¿Hay montañas con estaciones (*resorts*) de esquí? ¿playas? ¿selvas?

Trozos culturales

VOCABULARIO ÚTIL

el ayuntamiento   *city council*   el/la turista   *tourist*
el turismo   *tourism*

MÁLAGA

capital turística del Sur de Europa

Ayuntamiento de Málaga

Área de Turismo
c/ Cister. 11. P.dcha. Tel.9521 22 79 07 · 29015 MÁLAGA

Preguntas

1. Si Málaga es la ciudad más grande de la Costa del Sol, ¿qué atractivo debe tener (*attraction must it have*)? ¿Qué hay en la foto?
2. ¿Qué tipo de «capital» es Málaga? ¿Por qué hace énfasis en eso (*emphasizes that*) este anuncio (*ad*) publicado por el Ayuntamiento de Málaga? ¿Puede Ud. encontrar (*Can you find*) Málaga en un mapa de España?
3. ¿Hay mucho turismo donde vive Ud.? ¿Qué atracciones turísticas hay?

Estudio de palabras

Since all Spanish verbs have endings that give purely grammatical information
(infinitive endings, personal subject endings, and so on), you must often ignore
those endings to find the English cognate of a Spanish verb.

form(ar) → *to form*   **result**(ar) → *to result*   **respond**(er) → *to respond*

Can you recognize these verbs and give their English cognates?

presentar	**determinar**	**controlar**	**competir**	**invadir**
imaginar	**refinar**	**permitir**	**preferir**	**considerar**

A number of Spanish **-ar** verbs have a cognate in English that ends in *-ate.*

dominar → *to dominate*   **eliminar** → *to eliminate*

What do these Spanish verbs mean?

originar	**crear**	**complicar**	**comunicar***	**implicar**
diferenciar*	**separar**	**alternar**	**designar**	

Now guess the Spanish cognates for these English verbs.

celebrate	*cultivate*	*appreciate**	*imitate*	*dedicate*
penetrate	*indicate*	*frustrate*	*terminate*	*participate*

All of the following are regular **-ar** verb forms. Can you tell what they mean?

apreciamos   **dedican**   **comunico**   **celebras**   **participa**   **cultivo**

Estudio de estructura

Meanings of the infinitive. The infinitive is the form of the verb that you will
always see listed in dictionaries and vocabulary lists. It is the most basic form
of any verb. Its English equivalent includes the word *to:* **comer** (*to eat*).

The infinitive can be used as a noun in certain Spanish constructions. In
that case, it can still be translated with *to* at times: *To know her is to love her.*
Frequently, however, its English equivalent ends in *-ing: Skiing is fun.* Note the
use of infinitives in the following Spanish sentences and their English
translations.

Es necesario **participar** en el   *It's necessary to participate in*
    programa.   *the program.*

---

*The only true double consonant that occurs in Spanish is **cc** (**acción**). Remember that **ll** and **rr** are
considered *single* consonants in Spanish. Most double consonants in English will appear as single
letters in the Spanish cognate.

Al **llegar** a casa vamos a conversar.	*Upon arriving home, we're going to talk.*
Ellas son las últimas en **ganar** el premio.	*They're the last ones to win the prize.*

When expressing the Spanish infinitive in English, you must choose the form (*to* _____ , _____-*ing*) that sounds best or most natural; sometimes that depends on the word order in Spanish. Compare the following sentences.

Estudiar es necesario.	*Studying is necessary.*
Es necesario **estudiar.**	*It's necessary to study.*

What is the English equivalent of the following sentences?

1. Es difícil comunicarse.
2. Hablar es fácil.
3. Desean comer antes de (*before*) ir a clase.
4. Al entrar van a celebrar la victoria.

Práctica

After reviewing the material in **Estudio de palabras** and in **Estudio de estructura,** try to read the following passage without looking up any words.

Al viajar a un país hispánico usted puede° modificar sus° opiniones sobre la cultura. Al visitar un nuevo país siempre aprendemos cosas nuevas. También aprendemos cosas nuevas sobre nuestra° cultura al conversar con personas de una cultura diferente. Esto° permite observar las diferencias y formar nuevas opiniones.
    Pero es necesario dedicar muchas horas al estudio del idioma para eliminar errores de comunicación. Al aprender español usted añade° otros 320° millones al número de personas con quienes° puede comunicarse. Pero para comunicarse bien es necesario observar y comprender las ideas y la manera de vivir de los demás.°

can / your

our

This

add / trescientos veinte

con... with whom

others

How well did you understand the reading passage? Give the English equivalent of the following phrases that are adapted from the passage.

1. Al visitar un nuevo país siempre aprendemos cosas nuevas.
2. Esto permite observar las diferencias y formar nuevas opiniones.
3. Es necesario observar y comprender la manera de vivir de otras culturas.

En directo

En España hay montañas nevadas° y estaciones de esquí,° pero a veces también tienen los mismos problemas de otras° estaciones de esquí como lo describe el artículo del periódico *El País*, de Madrid, sobre la estación de esquí de Granada en el sur de España.

snow-capped / estaciones... ski resorts
other

Tiempos mejores°

Sierra Nevada, en el término municipal° de Monachil (Granada), vive esta temporada° el fin° de la transición de una modesta estación invernal° a otra con todos los requisitos° para celebrar un campeonato° del mundo de esquí. Unos 3.500 millones de pesetas serán invertidos° este año en nuevos medios de remonte° y en la instalación de cañones° de nieve artificial. Como en otras muchas estaciones de esquí, la nieve en la presente temporada está siendo escasa° y de las 22 pistas balizadas° permanecen abiertas algo más de la mitad.°... La temporada se inauguró° oficialmente el 2 de diciembre, clausurándose° a comienzos° de mayo.

　　Las muchas horas de sol son... el principal atractivo que Sierra Nevada ofrece° al visitante, sobre todo para el extranjero,° acostumbrado a las perfectas pero sombrías° pistas de Europa.

　　Británicos y portugueses, seguidos de° finlandeses, noruegos y yugoslavos, son los principales ocupantes extranjeros.

de *El País*, enero 1989

Better Times

término... town
esta... this season / end / winter requirements / championship
serán... will be invested
medios... ski lifts / blowers

está... is lacking / pistas... marked runs
permanecen... something more than half are open / se... was inaugurated closing / beginning
offers / foreigner

gray

seguidos... followed by

Preguntas

1. ¿Por qué es necesaria la instalación de máquinas para hacer (*make*) nieve artificial?
2. ¿Le parece (*Does it seem*) larga (*long*) o corta (*short*) la temporada de Sierra Nevada?
3. ¿A Ud. le gusta esquiar (*to ski*)? ¿Cuál es la estación de esquí más cercana (*nearest*) al lugar (*place*) donde vive Ud.? ¿Necesitan hacer nieve artificial allí? ¿Cuándo es la temporada de esquí allí?

Una última ojeada

VOCABULARIO ÚTIL

la calefacción	*heat*	cuenta con	*has*
el cambio	*exchange*	doble	*double*
la cancha	*court*	la estrella	*star (ranking)*

la falda	*foothills*	la plaza	*beds; places*
la habitación	*room, bedroom*	pleno	*right (in), fully (in)*
ídem	*ditto, the same*	próximo	*nearby*
el juego	*game*	la sala	*room, salon*
el nivel	*level*	situado	*located, situated*
el parador	*inn*		

Preguntas

1. Esta (*This*) estación de esquí está a solamente 100 kilómetros del mar. ¿Es raro eso (*that*)? ¿Conoce Ud. (*Do you know*) semejante lugar (*such a place*)?
2. ¿Cuáles son algunos (*some*) de los servicios ofrecidos (*offered*) en el Parador? ¿Cuál es más importante para Ud.? ¿Por qué? ¿Hay algún (*any*) servicio que no usaría Ud. (*you wouldn't use*)? ¿Cuál?
3. ¿Le gusta más la nieve o el mar? ¿Por qué?

PARADOR NACIONAL DE

SIERRA NEVADA

MONACHIL - GRANADA

Datos geográficos

Situado en la falda del Pico Veleta, en plena Sierra Nevada, y en la zona Hoya de la Mora Peñones de San Francisco.

El Parador cuenta con servicios de bar, teléfono en todas las habitaciones, garaje, cambio de moneda, calefacción central, sala de juegos y cancha de tenis. Su altitud sobre el nivel del mar es de 2.500 metros. Dista de Madrid 464 kms. Las distancias a los Paradores próximos son: al Parador de Granada, 35 kms.; al de Nerja, 159 kms.; al de Málaga, 164 kms.; al de Torremolinos, 178 kms.; al de Antequera, 135 kms., y al de Jaén, 132 kms.

PARADOR NACIONAL DE SIERRA NEVADA
MONACHIL - GRANADA
DIRECCION POSTAL: Idem.
DIRECCION TELEGRAFICA: PARAL.
TELEFONOS: 958/48 02 00, 04 y 08.
CATEGORIA: Tres estrellas.
CAPACIDAD: 82 plazas. 20 habitaciones dobles, 2 individuales y 10 cuádruples.

MINISTERIO DE TRANSPORTES, TURISMO Y COMUNICACIONES
SECRETARIA GENERAL DE TURISMO
DIRECCION GENERAL DE PROMOCION DEL TURISMO

Impreso por Cobrhi, S.A. Sierra Morena, 1
Ejemplar gratuito. Venta prohibida. Printed in Spain. Dep.Leg. M-28.951-1984 Ⓔ

3 La familia

Una familia en el parque de Chapultepec en la Ciudad de México

© PETER MENZEL

¿Tiene usted muchos parientes? ¿Vive con ellos? ¿Es la familia un aspecto importante de su vida?

26

Estudio preliminar

A. *Reading strategies: Context* means the parts of a sentence or paragraph that come just before and just after a specific word or phrase. When reading, the context can often help you determine the meaning of an unknown word or phrase. When you read in your native language you often guess meanings this way. Try to use the context of the following sentences to guess the meaning of the unfamiliar words that are in italics.

1. Mi hermana está casada. Mi *cuñado* se llama Juan.
2. La Argentina no está cerca; está muy *lejos*.
3. Paco no dice la verdad. Dice una *mentira*.
4. No me gusta la tecnología. Les tengo miedo a las *computadoras*.

B. Here are some new words you will encounter in this reading selection. Study them before you begin to read.

VERBOS		ADJETIVOS	
cuidar	*to take care of*	cómodo	*comfortable*
tratar con	*to deal with, have to do with*	diario	*daily*

SUSTANTIVOS		OTRAS PALABRAS Y EXPRESIONES	
el/la anciano/a	*elderly person*	tal(es)	*such*
la edad	*age*		
el lugar	*place*		
el paseo	*stroll*		

Find the words in the list that are related in form and meaning to the following words: *commodious, diary, ancient, pace, treat.* Are any words on the list false cognates?

En la cultura hispánica la familia tiene una importancia fundamental. Para entender muchos de los aspectos de la cultura hispánica, tenemos que comenzar° con la familia. Encontramos la influencia de la familia en la vida diaria, la vida social y la vida pública del mundo hispánico.   *to begin*

Es necesario recordar que la familia, en el contexto hispánico, quiere decir la familia «extensa»—los padres, los hijos, los abuelos, los tíos, los sobrinos, etcétera. Es muy común ver° a uno o más de los abuelos en casa y no es raro   *to see* ver que otros parientes—una tía, un primo o un sobrino que asiste a la universidad—también viven en la misma casa. Los hijos a veces prefieren vivir en la casa familiar aun después del° matrimonio. Esto quiere decir que los niños   aun... *even after the* tienen contacto constante con distintos parientes y no solamente con los padres.

© CHARLES KENNARD/STOCK, BOSTON

Unos niños de Cuzco, Perú ayudan (help) *a su padre en la fabricación* (making) *de tejas* (roof tiles). *¿Ayuda Ud. a veces a su padre o madre con el trabajo?*

Por ejemplo, en la familia «nuclear» (padres e° hijos), el niño o la niña tiene solamente un modelo de conducta de cada sexo. En la familia «extensa», tiene más modelos. Los niños pueden acudir° a los abuelos, a un tío o a un primo con sus problemas o cuando quieren hacer una pregunta. Y si muere uno de los padres, siempre tienen otro pariente que ocupa el puesto° del padre o de la madre. Eso también reduce el trabajo° de los padres porque no son los

and

go to

que... who will take the place
work

© GEORGE MALAVE/STOCK, BOSTON

Una familia mexicana cerca de (near) *la Catedral*

únicos° que tratan con los hijos. El idioma español no tiene una palabra equivalente a *baby-sitter*—generalmente hay un pariente que cuida a los niños.
Como resultado, los niños saben tratar con adultos y se sienten° cómodos en
un grupo de mayores. El norteamericano que visita un país hispánico nota que
los niños siempre están presentes en todos los lugares y en todas las ocasiones.

    Casi todas las actividades diarias ocurren en presencia de todos los miem-
bros de la familia: las comidas,° las discusiones° familiares, los paseos, las
compras,° etcétera. Las diversiones públicas son para todas las edades. En
España, por ejemplo, el «bar» o el «café-bar» es un lugar en donde todos,
niños y mayores, comen y beben. Es común encontrar a los niños, a los adolescentes y a los abuelos en tales lugares.

    Los niños ocupan° un lugar casi privilegiado en las familias hispánicas.
Asisten a casi todas las reuniones sociales de la familia y las fiestas en casa
incluyen° a los niños y a los adolescentes. Los padres gastan° mucho dinero
comprándoles° ropa especial para cualquier° ocasión.

    Como vemos,° la familia está presente constantemente en la vida hispánica.
Esto tiene aspectos positivos y aspectos negativos. Los aspectos positivos son
obvios: los niños saben tratar con personas mayores desde temprana° edad, y
los ancianos no viven la existencia solitaria que frecuentemente tienen en la
sociedad norteamericana. La sociedad hispánica casi no tiene «residencias para
ancianos», excepto para las personas enfermas o los que° no tienen parientes.

    Sin embargo, muchos norteamericanos probablemente no preferirían° el
sistema hispánico. Cuando buscamos las palabras para describir diferentes
aspectos de las dos culturas, encontramos que el español no tiene un equivalente exacto del concepto de *privacy* del inglés. Muchas personas piensan que
la *privacy* es muy importante para el individuo. ¿Qué piensa Ud.?

los... the only ones

se... they feel

meals / arguments
shopping

occupy

include / spend
buying them / any
we see

desde... from an early

los... those who
no... would not prefer

© BERYL GOLDBERG

*Un café venezolano.
¿Cuántas generaciones
están presentes?*

Preguntas   **A.**   Complete las frases según la lectura.

1.   La influencia de la familia es evidente en la vida _____ , la vida _____ y la vida _____ del mundo hispánico.
2.   La familia extensa puede incluir (*include*) _____ .
3.   Los niños y los parientes tienen _____ .
4.   Los niños saben tratar con los adultos porque _____ .
5.   Los niños frecuentemente tienen más de (*more than*) un modelo, por ejemplo, pueden hablar con _____ , con _____ o con _____ .
6.   Los niños parecen (*seem*) estar presentes en muchos lugares porque _____ .
7.   Los padres les compran (*buy them*) a los niños mucha ropa porque _____ .
8.   A las residencias para ancianos solamente van _____ .

B.   Conteste estas preguntas personales.

1.   ¿Tiene Ud. una familia grande? ¿Cuántas personas hay? ¿Visita Ud. a sus abuelos a veces? ¿a sus tíos? ¿Está Ud. cómodo/a con todos?
2.   ¿Qué diversiones le gustan más a Ud.? ¿Le gusta ir al parque? ¿Por qué sí o por qué no? ¿Le gusta ir a la discoteca? ¿Qué le gusta más: una fiesta en casa o un club nocturno (*nightclub*)?
3.   ¿Está Ud. más cómodo/a con personas menores (los niños) o mayores (los abuelos)? ¿Piensa Ud. que los ancianos están más contentos con otros ancianos o con personas más jóvenes?

Trozos culturales

No hace falta que nuestros reyes tengan muchos
objetos para que se sientan felices. Pero es
importante que los imprescindibles estén bien ele-
gidos y satisfagan realmente sus necesidades.

EL REY DE LA CASA

VOCABULARIO ÚTIL

elegido	*chosen*
estén	*be*
feliz	*happy*
hacer falta	*to be necessary*
imprescindible	*essential*
para que	*so that*
el rey	*king*
satisfagan	*satisfy*
se sientan	*feel*
tengan	*have*

Preguntas   1.   ¿Qué significa «El rey de la casa» aquí?
2.   ¿Piensa Ud. que los niños necesitan muchos juguetes? ¿Qué piensa el texto aquí?
3.   ¿Va Ud. a tratar a sus hijos como reyes y reinas (*queens*)? ¿Por qué? ¿Qué problemas pueden ocurrir?

Estudio de palabras

The suffix **-dad** in Spanish is usually the equivalent of the suffix *-ty* in English. Frequently the rest of the word is the same as in English. These **-dad** words are always feminine in Spanish.

la actividad   *activity*   **la ciudad**   *city*

Can you guess the meanings of the following words?

la moralidad	**la individualidad**	**la necesidad**
la personalidad	**la profundidad**	**la variedad**
la comunidad	**la posibilidad**	**la popularidad**
la responsabilidad	**la nacionalidad**	**la flexibilidad**

Now try to guess the meanings of these words, which are less obvious because of the spelling changes that occur in them.

cantidad   calidad   antigüedad   ansiedad   novedad   humildad

Can you give the Spanish equivalents of these words?

reality	*facility*	*society*	*publicity*	*capacity*
opportunity	*sincerity*	*prosperity*	*vanity*	*integrity*

Some **-dad** words have other suffixes in English, however.

soledad   *solitude*   **bondad**   *goodness*   **intimidad**   *intimacy*

The **-dad** suffix (like the *-ty* in English) can make an adjective into a noun.

active → *activity*   *activo* → **actividad**

The next time you see an unfamiliar **-dad** word in Spanish, try to discover its meaning by first determining if it is formed from an adjective. What about **igualdad**?

Estudio de estructura

A.   Adjectives used as nouns. In both Spanish and English sentences, a noun that is modified by an adjective can be omitted if it has already been mentioned once. In such cases in English, the noun is replaced by the word *one(s)*; in Spanish, the noun is merely dropped, leaving the article and adjective.

> *the good book* → *the good one*   **el libro bueno** → **el bueno**

What are the English equivalents of the following sentences?

1. Esto tiene aspectos buenos y aspectos malos. Los buenos son obvios.
2. Juan tiene dos libros. El grande es para la clase de español y el pequeño es para la de historia.

In the preceding sentence, note that two different nouns are dropped: **libro** and **clase**.

Remember that adjectives in both Spanish and English sometimes consist of more than one word. They may be formed with **de,** or they may consist of an entire clause.

El libro **de México** está en la mesa; el **de España** está en el sofá.	*The book from Mexico is on the table; the one from Spain is on the couch.*
Los ancianos **que viven con sus hijos** están más cómodos que los que viven solos.	*Elderly people who live with their children are more comfortable than ones who live alone.*

Now give the English equivalent of these sentences.

1. La familia hispánica es grande y la anglosajona frecuentemente es pequeña.
2. Los problemas de los hijos son fáciles; los de los padres son difíciles.
3. Los hijos de Juan son mayores que los de Enrique.
4. Los países americanos son grandes; los europeos son pequeños.

B. *Para* + infinitive. The preposition **para,** when used with an infinitive, is usually expressed in English as *in order to.*

> **Para hablar** bien el español,   *In order to speak Spanish well,*
> tenemos que estudiar mucho.   *we have to study a lot.*

Express the following sentences in English.

1. Para entender la sociedad española, es necesario entender la familia.
2. Vamos a volver ahora para terminar a las ocho.
3. Para llegar a Nicaragua es necesario pasar por Guatemala.
4. Juan necesita estudiar mucho para ser profesor.

Now complete the following sentences, according to the words in parentheses.

1. Estudio mucho _____ . (*in order to learn*)
2. _____ es necesario escuchar bien. (*In order to understand*)
3. Es necesario trabajar _____ . (*in order to eat*)
4. Vamos a abrir la puerta _____ . (*in order to enter*)

Práctica

After reviewing the material in **Estudio de palabras** and in **Estudio de estructura,** try to read the following passage without looking up any words.

Para aprender a hablar bien el español es necesario vivir en un país hispánico. El que° tiene la oportunidad de vivir con una familia hispánica tiene   El... *The one who*
más posibilidades de aprender la lengua. Muchos estudiantes van a España o a
México para estudiar y los que viven con familias casi siempre aprenden
muchas cosas sobre la realidad hispánica. Los miembros de la familia que
viven en casa, y los que visitan a la familia, proporcionan° una idea de la va-   *give, present*
riedad de la sociedad hispánica. Generalmente, tratan al estudiante como a
otro miembro de la familia.

También son importantes las responsabilidades del estudiante extranjero.°   *foreign*
Para establecer buenas relaciones con la familia es necesario vivir como viven
los otros miembros. Los que viven así° evitan° muchos problemas. Los que no   *in that way / avoid*
tienen la capacidad de adaptación necesaria pueden provocar situaciones desagradables. Es necesario aceptar las novedades y las distintas formas de comprender la vida si uno quiere comprender una cultura diferente. Como siempre,
los que tienen una personalidad más adaptable aprenden más. ¿Desea Ud. estudiar en España o en otro país hispánico?

How well did you understand the reading passage? Choose the statement that
best summarizes the message of each paragraph.

Paragraph 1:

1. Es imposible hablar bien el español sin viajar mucho.
2. El estudiante extranjero es siempre miembro de la familia.
3. Los que viven con una familia practican la lengua más y aprenden muchas
   cosas sobre la cultura.

Paragraph 2:

1. Para ser auténtico y sincero, el estudiante extranjero debe vivir como un
   norteamericano en otros países.
2. Las personas que tienen una personalidad adaptable aprenden más.
3. Los estudiantes desagradables terminan mal sus visitas.

En directo

Al mismo tiempo que aprenden temprano a tratar con los adultos, los adoles-
centes hispanos tienen algunas° de las mismas reacciones que los jóvenes° de   *some / young people*
cualquier° cultura como describe el autor del siguiente artículo. Los datos° son   *any / data*
el resultado de una encuesta° hecha° por la revista° *Ser padres hoy* entre sus   *survey / done / magazine*
lectores.°   *readers*

Los parientes son un rollo°

Un domingo en casa de los abuelos o una comida° con los tíos resultan soporíferos° para los jovencitos, quienes, la mayoría de las veces, intentan escabullirse.°

    Hasta hace poco tiempo,° ir a comer a casa de los abuelos era para ellos una fiesta. Al fin y al cabo,° los niños se convierten° fácilmente en los protagonistas de cualquier reunión familiar... Ahora, sin embargo, ponen° inmediatamente un gesto de fastidio° cuando les sugerimos° ir a ver a los parientes. Y no es extraño° oír un aplastante° ¡jo, qué rollo!°

    Las fiestas familiares. De igual manera,° las fiestas tradicionalmente celebradas en familia, como la Navidad,° les parecen un suplicio.° [Cuenta° una niña de 14 años], «La pasada Nochevieja° me aburrí como una ostra.° Algunas de mis amigas pudieron salir° después de la cena.° Yo, sin embargo, tuve que quedarme° en casa, aguantando° a mis primos pequeños y escuchando los chistes° malos de mi tío, que, para colmo,° son los mismos todos los años. Si la próxima vez tampoco me dejan salir, soy capaz de meterme en la cama° a las diez».

de *Ser padres hoy*, enero 1989

drag

dinner

sleep-inducing

intentan... *try to sneak away*
Hasta... *Until recently*
Al... *After all* / se... *become*

put on / gesto... *annoyed expression* / les... *we suggest to them*
strange / *crushing* / jo... *aw, what a drag!*
De... *Likewise*
Christmas / les... *seems to them a torture*
Relates / La... *Last New Year's Eve*
me... *I was as bored as an oyster* / pudieron... *were able to go out* / *dinner*
tuve... *had to stay* / *putting up with*
jokes / para... *on top of everything*
Si... *If they don't let me go out next time either, I may just go to bed*

Preguntas

1. ¿Por qué no les gustan las fiestas familiares a los adolescentes y sí a los niños?
2. ¿Piensa Ud. que los adolescentes no deben ir a las reuniones familiares si no quieren? ¿Cuáles son las ventajas (*advantages*) y las desventajas (*disadvantages*) de esto (*this*)?
3. ¿Son un rollo algunas (*some*) cosas de la vida de Ud.? ¿Cuáles son? ¿Son muchas?

Una última ojeada

VOCABULARIO ÚTIL

alquilado	*rented*
BUP	*Bachillerato Unificado Polivalente*
convalidable	*accredited*
la convivencia	*living with, together*
COU	*Curso de Orientación Universitaria*
la época	*stage*
la plaza	*space, opening*

Preguntas

1. ¿A qué nivel (*level*) son los estudios que ofrece el primer (*first*) anuncio? ¿Cree Ud. que es aconsejable (*advisable*) estudiar en el extranjero (*abroad*) a ese nivel?

2. ¿Piensa Ud. estudiar en el extranjero? ¿cuándo? ¿dónde? ¿Por qué quiere o no quiere ir?

3. ¿A qué tendría Ud. que (*would you have to*) adaptarse al vivir con una familia hispánica? (Tendría que adaptarme a / cambiar [*change*]...) ¿Piensa que eso sería (*that would be*) fácil o difícil para Ud.? (Sería fácil / difícil para mí porque...)

4. ¿Conoce Ud. (*Do you know*) a algunos estudiantes extranjeros en su universidad? (Sí, conozco a...) ¿Quiere conocer a algunos? ¿de qué país o países?

La vida diaria

Quioscos de flores (Flower stalls) en *Las Ramblas, Barcelona, España*

© MARK ANTMAN/THE IMAGE WORKS

¿Prefiere Ud. vivir en una gran ciudad o en el campo (*country*)? Hay diferentes actitudes hacia (*toward*) la ciudad moderna.

Estudio preliminar

A.   *Reading strategies*: In Unit 3 you used the context of a sentence to guess the meaning of an unfamiliar word. You can also use the context of a paragraph to guess the meaning of a sentence. The same concept applies: the meaning of the surrounding material offers clues to the meaning of an unknown segment. Read the following paragraph and try to guess the meaning of the italicized sentences by determining their context and using any other clues you find.

Mi amigo Juan llegó el domingo pasado por la noche. Quiere pasar una semana aquí de visita. Hoy es sábado y mañana tiene que ir en autobús a Madrid para visitar a su familia. Siempre nos divertimos juntos. *Él quisiera pasar más tiempo aquí conmigo pero no puede.*

B.   Here are some new words you will encounter in this reading selection. Study them before you begin to read.

VERBOS

escaparse	*to escape*
invitar	*to invite*
mantener	(*conj. like* tener) *to maintain*
ocurrir	*to occur, happen*
salir	*to leave; to go out*
tender (ie) a	*to tend to*

ADJETIVOS

| abierto | *open* |
| distinto | *different; distinct* |

SUSTANTIVOS

el ambiente	*environment, atmosphere*
el campo	*country*
el piso	*floor* (of a building)
el piso bajo	*ground floor*

OTRAS PALABRAS Y EXPRESIONES

a pie	*on foot*
adentro	*inside*
así que	*thus, so*
dentro de	*inside of*

Which of the words in the list have cognates in English? Are there any false cognates?

La tradición norteamericana prefiere la vida rural. La ciudad tiende a representar los aspectos negativos de la sociedad—los delitos,° la enajenación° del individuo, la falta° de contacto con la naturaleza,° la contaminación,° etcétera. Necesitamos tener ciudades para el comercio,° pero preferimos vivir en el campo o en barrios periféricos cuya° existencia refleja la importancia del ideal rural.

crime / alienation
lack / nature / pollution
business
whose

Buenos Aires, Argentina: escena típica de una ciudad grande. Muchas personas toman el metro o los autobuses para ir al trabajo. Otras pueden ir caminando (walk).

En marcado contraste, la ciudad tiene una posición privilegiada° dentro de la organización social hispánica. La mayoría de la población hispánica prefiere la vida urbana. La ciudad en general representa lo positivo° de la sociedad y la oportunidad de trabajar, así que hay menos tendencia a escaparse a vivir en los barrios periféricos. La mayoría de la gente vive en la ciudad misma.° Para estas personas, la vida diaria es la vida urbana en todos los sentidos° de la palabra.

privileged

lo... the positive side

itself
senses

Una consecuencia lógica de esta situación es que, por lo general, las ciudades hispánicas son lugares más amenos que° las ciudades de los Estados Unidos. Mantienen proporciones humanas en los edificios y en los espacios° abiertos. Esto puede deberse a que° las ciudades están divididas en barrios, que son como pequeñas comunidades dentro de la ciudad.

más... more pleasant than
spaces
deberse... be due to the fact that

La tendencia a separar las áreas residenciales y las áreas comerciales no es muy común en las ciudades hispánicas. Este es uno de los factores que más contribuye a mantener el ambiente distinto de estas ciudades. Como resultado hay mucha gente y mucha actividad en las calles y más contacto humano entre los habitantes urbanos.

Una calle principal de Barcelona, España con un edificio del arquitecto catalán, Antonio Gaudí (1852–1926)

Según° tradición, en los pisos bajos de los edificios de apartamentos están las tiendas, las oficinas y los cafés del barrio. Los cafés, los bares, las tiendas abiertas invitan a la gente a caminar por la acera° y a divertirse en la calle.

Un aspecto que ayuda° a mantener un ambiente agradable es la presencia de los cafés al aire libre. La gente en los cafés y la actividad a todas horas también invitan a los habitantes urbanos a pasear por las calles en vez de encerrarse° adentro.

La plaza, presente en casi todos los barrios, también hace atractiva la idea de salir a la calle. La plaza suele ser° el centro del barrio y generalmente tiene árboles y flores° y lugares para sentarse, y está rodeada de° tiendas y cafés. También es común la presencia de un quiosco° para conciertos. Todas estas atracciones dan° como resultado la actividad y el movimiento en las plazas.

En las ciudades hispánicas la mayoría de la gente usa los sistemas de transporte público para ir a su trabajo. Así que muchas personas transitan° por la calle cuando van a tomar el autobús o el metro para ir al trabajo. (Esto contrasta con la situación en los Estados Unidos, donde más del 80 por ciento de los trabajadores° va al trabajo en su automóvil.) Además, muchas personas vuelven a casa a comer al mediodía, así que el proceso de ir al trabajo y volver a casa ocurre dos veces al día.

Claro que° esto de volver a casa al mediodía duplica la congestión del tráfico, cuatro veces al día en vez de dos, porque las calles estrechas° no se prestan° al tránsito de los autos modernos. Aunque es posible hacer muchas actividades a pie—hay sucursales° de bancos, tiendas de todo tipo, iglesias, médicos° y talleres de reparaciones° en todos los barrios—la congestión es uno

According to

sidewalk

helps

closing themselves up

suele... is usually

árboles... trees and flowers / rodeada... surrounded by bandstand
yield, produce

travel

workers

Claro... Of course
narrow
se... lend themselves
branches
doctors / talleres... repair shops

© PETER MENZEL

Un café al aire libre de Segovia, España. ¿Hay cafés al aire libre donde vive Ud.?

de los problemas más graves° en la mayoría de las ciudades hispánicas. Es un *serious*
problema aun° cuando la gente usa mucho el transporte público. *even*

Si recordamos que en la sociedad norteamericana es posible que una persona pase dos o tres horas diarias sola en su auto mientras° va y viene del *while*
trabajo, entendemos la gran diferencia que hay entre la vida diaria de una persona que vive en una ciudad hispánica y la que vive en un barrio periférico en
los Estados Unidos. La experiencia de reunirse con unos amigos en un café
para desayunar es muy distinta a la de subirse al° auto, ir a McDonald's y *subirse... getting in the*
comer un *Egg McMuffin* en la autopista.° *freeway*

¿Piensa Ud. que esta diferencia afecta las actitudes de los individuos en las
dos culturas? ¿Cómo?

Preguntas

A.   Conteste según la lectura.

1.   ¿Cuáles son las diferencias, en general, entre la actitud de los norteamericanos y la (*that*) de los hispánicos hacia (*toward*) la ciudad?
2.   Por la forma en que están organizadas, ¿qué aspectos de la organización
distinguen (*distinguish*) las ciudades hispánicas de las norteamericanas?
3.   ¿Qué efecto tiene esta diferencia en el ambiente de la ciudad?
4.   ¿Cuál parece ser la diferencia entre un paseo por la calle de una ciudad
hispánica y una norteamericana? ¿Qué efectos tienen en las relaciones
humanas estas diferencias?
5.   ¿Cuál es uno de los problemas más graves de las ciudades hispánicas y
cuáles son algunas (*some*) de sus causas?

B.   Conteste estas preguntas personales.

1.   ¿Prefiere Ud. la vida urbana o la vida rural?
¿Por qué?
2.   ¿Dónde piensa vivir después de graduarse: en una
ciudad, en un barrio periférico o en el campo?
3.   ¿Va Ud. a muchos lugares a pie? ¿en autobús?
¿en automóvil?
4.   ¿Cómo es el centro de su ciudad? ¿Hay mucha
gente en las calles todo el tiempo? ¿Es un lugar
ameno?

Trozos culturales

VOCABULARIO ÚTIL

el abono	*pass*	la flecha	*arrow*
la canceladora	*canceler*	introdúzcase	*insert*
el coche	*coach; bus*	el sentido	*direction*
doblar	*fold*	la tarjeta	*card*

Preguntas
1. ¿Utiliza Ud. el transporte público o viene a clase en coche? ¿Por qué (no) viene en autobús?
2. ¿Hay tarjetas de abono como el (*that*) de la página anterior en la línea de autobuses en que Ud. viaja? ¿Para qué las tienen?
3. ¿Cree Ud. que el transporte público es una solución al problema de la contaminación? ¿Por qué sí o por qué no?

Estudio de palabras

Generalmente, las palabras que terminan en **-cia** en español terminan en *-ce* o *-cy* en inglés. Por ejemplo:

> **importancia** → *importance*   **tendencia** → *tendency*

¿Qué significan las siguientes palabras en inglés?

> **diferencia**   **inteligencia**   **frecuencia**   **influencia**
> **potencia**   **evidencia**   **resistencia** **malevolencia**

¿Cómo se dice en español?

> *indifference*   *aristocracy*   *existence*   *violence*

Las palabras que terminan en **-ico** en español con frecuencia terminan en *-ic* o *-ical* en inglés. Por ejemplo:

> **lógico** → *logical*   **hispánico** → *Hispanic*

¿Sabe Ud. qué significan las siguientes palabras? Note que todas llevan (*have*) un acento escrito.

> **clásico**   **trágico**   **básico**   **eléctrico**
> **poético**   **idéntico**   **mecánico** **histórico**

¿Cómo se dice en español?

> *patriotic*   *democratic*   *public*   *practical*   *automatic*

Estudio de estructura

A.   Uses of the pronoun *se*. The pronoun **se** is often used with a third-person singular or plural verb to indicate that instead of *performing* an action, the subject is being *acted upon*. (This is usually expressed in English by the passive voice.) In the following examples, note that the verb is singular or plural depending on whether the subject is singular or plural, and that the subject often follows the verb in this construction.

> Las puertas **se abren** a las cuatro.   *The doors are opened at four.*
> **Se cierran** las tiendas a las ocho.   *The stores are closed at eight.*
> Aquí **se habla** español.   *Spanish is spoken here.*

Se can also be used with a third-person singular verb to indicate that the action is performed by an impersonal or an indefinite subject. (This is often expressed in English by *one* or *it*.)

Se nota que es importante.	*One notes that it is important.*
No **se sabe** dónde está.	*It is not known where he is.*

When you encounter **se** with a verb, you must decide which of these two possibilities is meant: Is the subject being acted upon? Or is the action being performed by an impersonal or an indefinite subject? Try expressing these sentences in English.

1. La tienda se abre a las ocho.
2. El trabajo se considera importante.
3. Se dice que ella está en México.
4. Los planes se hacen temprano.
5. La oficina se cierra a las dos.

B.   The past participle. As you know, the form of the infinitive never changes. Another verb form that is not conjugated is the past participle. The past participle is usually formed by adding **-ado** to the stem of **-ar** verbs, and **-ido** to the stem of **-er** and **-ir** verbs.

hablar (*to speak*)   → **hablado** (*spoken*)
comer (*to eat*)   → **comido** (*eaten*)
decidir (*to decide*) → **decidido** (*decided*)

There are also irregular past participles, which must be memorized; you will learn them later.

One way to use the past participle is as an adjective. Like other adjectives, it agrees both in number and in gender with the noun it modifies.

El jefe quiere que las puertas estén **cerradas**.	*The boss wants the doors to be closed.*
La niña está **agitada**.	*The little girl is upset.*

Try expressing the following sentences in English.

1. Van a la escuela acompañados por su mamá.
2. La lección está terminada.
3. ¿Cuánto cuesta un auto usado?
4. Es una idea muy aceptada hoy.
5. La esperada solución no llega.
6. Siempre usamos los métodos establecidos.
7. La comida está servida.
8. La geografía del Perú está dominada por los Andes.

Práctica

After reviewing the material in **Estudio de palabras** and in **Estudio de estructura**, try to read the following passage without looking up any words.

Si examinamos las nuevas tendencias que se aplican a la revitalización de los centros urbanos norteamericanos, es obvio que encontramos repetidas muchas de las características de las ciudades hispánicas (y europeas). Hoy la idea de mezclar° las áreas residenciales y las comerciales en el centro de la ciudad está aceptada.

mixing

Bien mirado, es evidente que la construcción de grandes edificios cerrados al mundo es un error. Otra alternativa es la construcción de centros comerciales separados. Hoy día estos centros, llamados frecuentemente *malls* en inglés, tienen muchas de las amenidades de las ciudades hispánicas. Por lo general tienen pequeños cafés y lugares para reunirse con los amigos, pasear y sentarse. Las tiendas están abiertas, así que invitan a la gente a entrar. Ésta parece ser una opción muy aceptada.

Sin embargo, hay dos diferencias importantes: por lo general en los *malls* todo está adentro de un espacio cerrado, así que hay un ambiente un poco artificial, y es difícil vivir cerca del centro comercial. Por esta razón, nuestro estilo de vida muestra una preferencia generalizada por el automóvil.

How well did you understand the reading passage? Answer **C** (**cierto**) if the following statements are true, and **F** (**falso**) if they are false.

1. _____ La población de los Estados Unidos prefiere generalmente las ciudades impersonales.
2. _____ Los centros comerciales no son populares en los Estados Unidos.
3. _____ En los Estados Unidos, muchos prefieren usar el automóvil en vez de unir la zona comercial y la residencial.

En directo

Según el artículo siguiente, por Luis Carandell, un escritor español que frecuentemente observa su sociedad con un toque° humorístico, la tertulia tiene su propia naturaleza.°

touch

nature

Teoría° de la tertulia

Una reunión de hombres con propósito° y objetivo puede ser un partido político, una sociedad mercantil° o cualquier otra cosa. Pero cuando esa reunión no tiene propósito ni objetivo alguno, entonces es una tertulia. El cultivo° de la amistad° y del arte de la conversación justifica por sí solo° la existencia de esa institución social española que es, por lo demás,° totalmente inútil a efectos prácticos.°

En todas partes la gente se reúne a hablar... España es, sin embargo, el único° país que, por así decirlo,° ha desarrollado° a lo largo de los últimos dos siglos° una «teoría de la tertulia».

Theory

purpose

sociedad... *business enterprise*

furthering / friendship / por... in and of itself
por... *otherwise*
inútil... *useless in practical terms*

only / por... *so to speak /*
ha... *has developed*
a... *through the last two centuries*

La primera regla° de la tertulia se dice pronto: «lugar y tiempo fijos».° Puede celebrarse° todas las tardes, a la hora de tomar café en tal o cual° establecimiento. O los sábados por la noche en casa de una dama.° O en una cena, en un restaurante, los segundos° y cuartos° lunes de cada mes...

Otra regla importante y constitucional: Los tertulios° ocupan siempre el mismo sitio.° Y piden excusas° si, en alguna ocasión, ocupan la silla° de un ausente. La conversación debe ser siempre general, evitando los apartes.° Hay tertulias «con tema»;... la mayoría son, no obstante,° «sin tema», y se habla de todo...

de Ronda

rule
fixed / take place
tal... this or that
lady / second / fourth

participants
place / piden... apologize / chair

evitando... avoiding asides / no... however

Preguntas
1. ¿Qué propósitos tiene la tertulia?
2. ¿Qué aspecto único (*unique*) tiene la reunión española?
3. ¿Cuáles son unas razones por la continuación de la tertulia?
4. ¿Cuáles son las funciones sicológicas del café de barrio? ¿Tiene Ud. un lugar que sirva ese propósito? ¿Cuál es?

Una última ojeada

Mire el anuncio de la página siguiente, y conteste las preguntas.

VOCABULARIO ÚTIL

la alameda	*boulevard*	invertirá	*will invest*
aportando	*contributing*	llevan del... al	*connect . . . to*
apoyar	*to support*	mil	*one thousand*
la barriada	*section of a city*	propiciar	*to facilitate*
brotar	*blossom, bloom*	seiscientos	*six hundred*
la convivencia	*living together*	el suelo	*land*
charlar	*to chat*	trescientos	*three hundred*
el despegue	*initiation*	la vivienda de	*public housing*
gestionar	*to arrange for*	promoción	
		pública	

Preguntas
1. ¿Qué cosas hace EPSA para el público en general? ¿para los turistas?
2. ¿Hay muchos parques donde Ud. vive? ¿Qué cosas se puede (*can*) hacer en los parques?

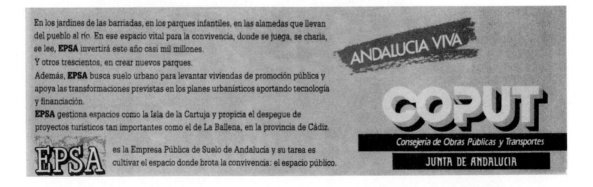

3. ¿Por qué no hay más espacios públicos en las ciudades norteamericanas?
4. ¿Pasa Ud. mucho tiempo en un parque o en otro espacio público? ¿dónde? ¿Qué hace allí? ¿Hay espacios públicos en su universidad?

*Un banco de San
Juan, Puerto Rico*

© PETER MENZEL

¿Es el trabajo un símbolo del valor del individuo? Hay varias opiniones sobre esto.

Estudio preliminar

A.   *Reading strategies:* Conjunctions are often short words that can be easily overlooked in reading. Frequently, however, the meaning of a conjunction is fundamental to understanding a phrase or sentence.

It is tempting to skip over the conjunction **y** (*and*) when reading, but it is a good idea to pay close attention to the parts of the sentence that it joins. **Y** can join two nouns: **María y Elena reciben muchos consejos.** It can join two adjectives (when they modify one noun and follow it): **Tiene un puesto importante y con sueldo seguro. Y** can also join two phrases: **Los abogados de la compañía y los empleados principales se reúnen mañana.** Finally, **y** may join two clauses: **Julia sabe hablar francés y el taxista francés sabe hablar español.** Can you identify the two elements that are joined in the following sentences?

1.   Ya tengo un empleo y quiero otro.
2.   Vienen dos geólogos y una ingeniera del Perú.
3.   Mi padre tiene mucha experiencia y da muchos consejos.
4.   El jefe dedicado y trabajador sale temprano para la oficina.

B.   Here are some new words you will encounter in this reading selection. Study them before you begin to read.

VERBOS		OTRAS PALABRAS Y EXPRESIONES	
dejar	*to leave* (behind); *to let, allow*	claro que	*of course*
		entre	*between*
		hacia	*toward*
		por eso	*for this reason, therefore*
SUSTANTIVOS		tal vez	*maybe, perhaps*
el/la dependiente/a	*store clerk*		
la diversión	*entertainment*		
el equilibrio	*balance*		
la movilidad	*mobility*		
el ocio	*leisure*		
el placer	*pleasure*		

Which of the new words have cognates in English? Are there any false cognates?

¿**Q**ué va a hacer Ud. en la vida? Siempre estamos haciendo planes para el futuro. Casi siempre un elemento básico de nuestro plan tiene que ser el trabajo—una profesión, un oficio,° un negocio.   *trade*

Hay varios puntos de vista° sobre la importancia que debe tener el trabajo.   puntos... *points of view*

© COMSTOCK

*Una mujer busca tra-
bajo en Caracas, Vene-
zuela. ¿Ha buscado Ud.
(Have you looked for)
trabajo? ¿Dónde?*

Algunas personas piensan que el trabajo debe ser la actividad central de la
vida. Sacrifican otras cosas—la vida familiar, las diversiones, el ocio—a las
necesidades del trabajo. Para estas personas, el trabajo es un símbolo de su
valor como persona.

    Al otro extremo hay personas que consideran el trabajo como una necesi-
dad desagradable.° Para ellos es una actividad que interrumpe° su placer. Trabajan porque es necesario pero dedican sus energías a otras cosas—al arte, al
jardín o simplemente al ocio. Están contentos con un sueldo mínimo si éste° es
suficiente para vivir.

disagreeable / interrupts

it (the salary)

© COMSTOCK

*Una oficina típica en
Puerto Rico*

La mayoría de las personas <u>encuentran</u> una posición entre los dos extremos. Buscan un equilibrio entre la vida personal y el trabajo. Trabajan con orgullo° pero no quieren que el trabajo o<u>cupe</u>° todo su tiempo. ¿Hay diferencias entre la cultura anglosajona y la hispánica en sus actitudes hacia el trabajo? En las dos culturas existen los mismos extremos. Tal vez la gente hispánica tiende a ser un poco menos obsesiva en su actitud. Los norteamericanos tienen una larga tradición que dice que el trabajo da valor al individuo. Esta actitud es menos común en los países hispánicos; por eso los hispanos encuentran un equilibrio sin el sentido de culpa° que frecuentemente siente° el norteamericano.

Un aspecto fundamental de la actitud hispánica hacia el trabajo tiene su origen en la civilización romana° clásica. La palabra **siesta** (la costumbre de dormir unas horas por la tarde) viene del latín *sexta*, que significa la sexta° hora del día. En la Roma clásica la sexta hora era° <u>mediodía,</u> la última hora de la jornada.° «Las seis primeras horas del día son para trabajar; las otras son para vivir», según los romanos.

Una diferencia interesante entre la cultura hispánica y la norteamericana es la actitud hacia la <u>movilidad</u> en el trabajo. Cuando un joven norteamericano piensa en° buscar su primer <u>empleo,</u> sabe que puede ser necesario que vaya a otra ciudad. No tiene problema en <u>dejar a</u> sus padres, porque ellos lo aceptan como una cosa natural. Muchas personas prefieren que su empleo tenga movilidad.

Eso no es tan común en la cultura hispánica. La familia quiere que el joven trabaje en la ciudad en que ellos viven. El joven no piensa en buscar o<u>portunidades</u> que estén lejos° porque quiere estar <u>cerca</u> de la familia y de los amigos. Claro que a veces los jóvenes hispánicos también tienen que dejar a su familia para encontrar un empleo, pero <u>no les es</u> tan fácil como° <u>lo es p</u>ara los jóvenes norteamericanos.

pride

sentido... *feeling of guilt / feels*

Roman
sixth
was
workday

about

far away

tan... *as easy as*

Un puesto de artesanía (handicraft store) *en España*

Como las ciudades se organizan en barrios casi auto-suficientes, hay muchos negocios. Estas empresas° consisten muchas veces en tiendas familiares en donde trabajan varios miembros de la familia como dependientes. Como resultado, este tipo de empleo es bastante común. Esto quiere decir también que muchas personas trabajan cerca de su casa y que tienen un puesto relativamente seguro y sin muchas presiones.° Otra cosa es que el concepto de auto-servicio° no es muy popular y por eso hay relativamente más empleos en este sector. Los empleos relacionados con servicios frecuentemente se consideran una carrera como cualquier° otra.

    El empleo en una tienda familiar tradicionalmente ha representado° una oportunidad de trabajo para la mujer también. Aunque en los pueblos tradicionales le sería° difícil a una mujer, madre de familia, trabajar fuera de su casa, sí lo puede hacer en una empresa familiar. Claro que en las grandes ciudades la situación de la mujer y el mundo del trabajo están cambiando rápidamente. En España, por ejemplo, ahora las mujeres pueden entrar en las fuerzas armadas° con todos los beneficios° que esto implica.°

    Es obvio que hay semejanzas y diferencias en las actitudes hacia el trabajo en las dos culturas. En la sociedad hispánica hay personas que tienen diferentes opiniones del trabajo, pero el trabajo que hace una persona, como símbolo de su valor como individuo, es menos importante. Tal vez esto conduzca° a obtener frecuentemente un equilibrio saludable.° ¿Qué piensa Ud.?

enterprises

pressure
self-service

any
ha... has represented

it would be

fuerzas... armed forces / benefits / implies

leads
healthy

Preguntas

A. Conteste según la lectura.

1. ¿Cuáles son los dos extremos en las actitudes de ambas (*both*) culturas hacia el trabajo?
2. En su opinión, ¿por qué la siesta no hace parte de las costumbres de los norteamericanos? ¿Cuál es el origen de esta costumbre en el mundo hispánico?
3. ¿Por qué la movilidad es natural para el joven empleado norteamericano?
4. ¿Es más fácil para las mujeres en los EE.UU. encontrar trabajo fuera de casa? ¿Por qué?
5. ¿Por qué es tradicional para la mujer trabajar cerca de su casa?
6. ¿Por qué en los EE.UU. no son considerados como carreras los trabajos relacionados con servicios, como camarero (*waiter*) o dependiente?

B. Conteste estas preguntas personales.

1. ¿Trabaja Ud. ahora? ¿Qué tipo de trabajo espera Ud. tener en el futuro?
2. ¿Quiere Ud. tener una vida profesional con mucha movilidad?
3. ¿Ud. es obsesivo/a en su actitud hacia el trabajo? ¿A Ud. le gusta el ocio?
4. ¿Cuál es la actitud de sus padres hacia el trabajo? ¿Opina Ud. que la actitud hacia el trabajo va a cambiar en los Estados Unidos en el futuro? ¿Va a cambiar en el mundo hispánico?

Trozos culturales

VOCABULARIO ÚTIL

la base	*rule*
la ciutat	*city* (Catalán)
la convocatoria	*call; notice*
cubrir	*to cover, fill*
el/la extranjero/a	*foreigner*
la instancia	*application*
la plaza	*place,*
	opening
la prueba	*tryout*
la trompa	*French horn*

Preguntas

1. ¿Toca Ud. (*Do you play*) alguno de los instrumentos mencionados en el anuncio? ¿Cuál(es)?
2. ¿El trabajo que quiere Ud. requiere una preparación muy especial como éste? ¿Qué trabajo es?
3. ¿Por qué solamente quieren españoles para algunas plazas?

VOCABULARIO ÚTIL

el/la aspirante	*applicant*
el/la auxiliar	*attendant*
el camino	*road*
deberán comparecer	*should appear*
DNI	Documento Nacional de Identificación
escrito	*written*
optativo	*optional*
el/la pasajero/a	*passenger*
provisto de	*provided with*
el puerto	*port*
se celebrarán	*will take place*
Superior	*Advanced*
el tripulante	*crew member*
el vuelo	*flight*

Preguntas   1. ¿Tiene Ud. interés en trabajar en una línea aérea? ¿Por qué sí o por qué no? ¿Le interesa alguna línea extranjera (*foreign*)?
2. ¿Cómo sabemos que Iberia tiene interés en aspirantes extranjeros además de españoles?
3. ¿Quiere Ud. tener un trabajo que le proporcione (*provides*) la oportunidad de viajar? ¿de vivir en otros países? ¿Por qué sí o por qué no?

Estudio de palabras

A.   Hay muchas palabras en español que terminan en **-ante** o **-ente**. Las equivalentes en inglés terminan en *-ant*, en *-ent* o, en unos casos, en *-ing*.

¿Puede Ud. adivinar (*guess*) el significado de las siguientes palabras?

resistente	ignorante	interesante	durante	irritante
penetrante	presente	oriente	intrigante	sofocante

¿Cómo se dice en español?

abundant	*client*	*eminent*	*protestant*
persistent	*consistent*	*insistent*	*constant*

¿Y las palabras siguientes? Terminan en **-ante** en español.

alarming   *hesitating*   *culminating*   *fascinating*

B.   Some common verbs in Spanish have no apparent cognates in English, but do have a consistent base to which prefixes are added.

The Spanish verb ending **-tener** corresponds to English *-tain:* **mantener, detener, sostener.**

¿Cómo se dice?

obtain   *contain*   *retain*

The ending **-poner** corresponds to *-pose:* **imponer, disponer, transponer.**

¿Cómo se dice?

oppose   *depose*   *expose*   *interpose*   *suppose*   *compose*

The ending **-sentir** corresponds to *-sent:* **asentir, disentir.**

¿Cómo se dice?

consent   *resent*

Note that these verbs are conjugated with the irregularities or stem changes of the base: **mantengo, impongo, asiento,** and so on.

Estudio de estructura

A. Recognizing comparisons of inequality. You already know that **más** means *more* and **menos** means *less*.

> ¿Cuál te gusta más (menos), el trabajo o el ocio?

Más and **menos,** when used with the definite article, mean *the most* and *the least*.

> Estas montañas son altas.
> **La más alta** tiene ocho mil metros.
> **La menos alta** tiene seis mil metros.

The phrases **más... que** and **menos... que** mean *more . . . than* and *less . . . than*.

> Esta compañía es **más** grande **que** aquélla.
> Los trabajadores ganan **menos** dinero **que** los jefes.

Express these sentences in English.

1. Algunos trabajos son más interesantes que otros.
2. Estos empleados trabajan más rápidamente que ésos.
3. ¿Cuál es el trabajo más interesante?
4. Me gusta más trabajar al aire libre que trabajar adentro.
5. Estas calles son más grandes que las de esa ciudad.
6. Esta casa es menos moderna que la otra, pero la menos moderna de todas es la que tiene Tomás.

B. Recognizing comparisons of equality. You have learned that **tan** means *so* or *as*. When used in the phrase **tan... como** it means *as . . . as*.

> El ocio es **tan** importante **como** el trabajo.
> El supermercado no es **tan** popular **como** la tienda pequeña.

Likewise, **tanto/a... como** means *as much . . . as*, and **tantos/as... como** means *as many . . . as*.

> Espero que ella tenga **tanto** dinero **como** su hermana.
> No hay **tantos** trabajos interesantes **como** antes.
> Elena tiene **tanta** paciencia **como** Carlos.

Finally, **tanto como** without a noun also means *as much as*.

> No trabajo **tanto como** Juan, pero María no trabaja **tanto como** yo.

	María	Juan	Jorge	Lorenzo
SUELDO	20.000	5.000	19.000	24.000
HERMANOS	6	4	4	10
LIBROS	100	50	30	2

According to the drawings, which of the following sentences are true and which are false?

1. María gana más que Juan pero no tanto como Lorenzo.
2. Jorge tiene más hermanos que Lorenzo.
3. Juan tiene tanto dinero como María.
4. Lorenzo es menos rico que Juan.
5. Juan tiene tantos hermanos como Jorge y menos que María.
6. María tiene más hermanos que Jorge.
7. Aparentemente Juan lee más que Lorenzo pero menos que María.
8. Juan es el menos rico de todos.

What more can you say about the four friends?

Práctica

After reviewing the material in **Estudio de palabras** and in **Estudio de estruc-tura,** try to read the following passage without looking up any words.

El mundo del trabajo cambia constantemente; siempre hay nuevas tendencias.

Durante mucho tiempo la movilidad de los empleados en las compañías grandes era una idea aceptada en los Estados Unidos. Hoy día, sin embargo, los empleados comienzan a oponerse a esa idea. Si la compañía propone que el empleado vaya a vivir a otra ciudad, es necesario considerar los deseos del empleado. Si el empleado mantiene a una familia, también se interponen los deseos de los otros miembros. Si la compañía insiste en el traslado,° es posible *move* que el empleado deje el trabajo. Esto ocurre mucho más que antes y las com-pañías, si quieren retener al empleado, tienen que cambiar de plan. Sólo pue-den imponer la movilidad como condición del empleo si el empleado consiente.

Otro factor importante es que hoy día las familias tradicionales, donde sólo el padre trabaja fuera de casa, son mucho menos numerosas que antes.

Así que si uno de los esposos es trasladado a otra ciudad, es necesario que el otro esposo obtenga también otro trabajo en el nuevo lugar. Si uno gana tanto como el otro, es probable que uno de ellos resienta la necesidad de abandonar su puesto. Está claro que las nuevas situaciones imponen nuevas reglas° en el mundo del trabajo.

rules

How well did you understand the reading passage? Answer **C** (**cierto**) if the following statements are true, and **F** (**falso**) if they are false.

1. _____ Las costumbres en el mundo del trabajo son siempre iguales.
2. _____ Los empleados modernos no aceptan la idea de la movilidad tanto como antes.
3. _____ Si los dos esposos trabajan es aun (*even*) menos fácil proponerle a un empleado que cambie de localidad.
4. _____ No es difícil decidir si el empleo del esposo es más importante que el (*that*) de la mujer.

En directo

Al entrar las mujeres en el mundo del trabajo surgen° nuevas situaciones y nuevos descubrimientos° acerca de las cualidades femeninas. El siguiente artículo, de la sección de negocios del periódico madrileño° *El País*, muestra un ejemplo interesante de este aspecto del mundo del trabajo.

there arise
discoveries
periódico... Madrid paper

El encanto° femenino

A lo mejor° es porque la mujer inspira más confianza que el hombre. Lo cierto es que el 78% del millón largo° de vendedores° que trabajan en las más de 250 empresas agrupadas en la Federación Europea para la Venta Directa,° son del sexo femenino. En España este porcentaje es mucho mayor, superando° el 90% en la mayoría de las firmas. «El sector masculino tuvo dificultades° para introducirse en° los hogares° porque los *terribles ciudadanos*° son muy desconfiados,° sin embargo las mujeres no están tan desprestigiadas°», dice Pablo Carles-Tolra, director general de Vorwerk.

Ellas suelen aterrizar° en este trabajo porque pueden compatibilizarlo° con su familia, pues en casi todas las empresas trabajan a tiempo partido,° sin ningún tipo de contrato y por° comisión.

de *El País*, octubre 1988

charm

A... Probably
millón... million plus / salespeople

Venta... Door-to-door Sales exceeding

tuvo... had problems / introducirse... getting into / homes male citizens / mistrusted no... don't have such a bad reputation

suelen... are accustomed to landing make it compatible
a... part time / on a

Preguntas

1. ¿Por qué tienen más éxito (*success*) las mujeres en la venta directa?
2. ¿Por qué muchas mujeres prefieren este trabajo?
3. ¿Le interesa a Ud. ser vendedor(a)? ¿Qué quiere vender? ¿Cuáles son las ventajas y las desventajas de esta ocupación?

Una última ojeada

VOCABULARIO ÚTIL

bruto	*gross*	la informática	*data processing*
el/la camarero/a	*waiter*	los ingresos	*income*
el/la cocinero/a	*cook*	particular	*private*
los consumibles de oficina	*office supplies*	la retribución	*salary*
la dedicación plena	*full time*	ubicado	*located*
		valorar	*to consider*
la disponibilidad	*availability*	el varón	*male*

SE NECESITA UNA PERSONA

COCINERO/A
CAMARERO/A

Para ocupar puesto en Villa particular ubicada en zona norte de Italia y disponibilidad para esporádicos viajes a Marbella.

Se requiere:
- Experiencia mínima demostrable (conocimiento y aficiones culinarias + servicio mesa).
- Buena presencia y corrección.
- Dedicación plena, con horario flexible incluyendo días festivos.
- Se valorarán conocimientos de idiomas, si bien no son imprescindibles.

Se ofrece:
- Formación en Restaurante en caso necesario.
- Vivienda.
- Alta en Seguridad Social.
- La retribución —alrededor de 2.500.000 pesetas brutas anuales— se establecerá de acuerdo con los valores aportados, no descartándose inicialmente ninguna candidatura por razones económicas.

Rogamos a las personas interesadas, llamen lunes a viernes, de 8.00 a 17.30 horas, al teléfono de Valencia 96 / 145 46 60 (Señorita Patricia García-Vizcaíno.)

BUSCAMOS

PERSONAS
CON EXPERIENCIA EN VENTAS

Para trabajo bien remunerado en equipo de venta dirigida.

En las siguientes ciudades:
MADRID, BARCELONA, VALENCIA, SEVILLA, BILBAO, LA CORUÑA, OVIEDO, VALLADOLID, ZARAGOZA, MÁLAGA y SANTANDER.

Se ofrece:
- Fijo más comisión.
- Contrato y Seguridad Social.
- Entrenamiento a cargo de la empresa.

Se requiere:
- Experiencia en ventas, preferiblemente en sector perfumería.
- Buena presencia.
- Disponibilidad de vehículo.
- Varones, mayores de edad.

Enviar URGENTEMENTE datos personales, foto actualizada, experiencia y teléfono de contacto a:

DIANTO PUBLICIDAD
Velázquez, 16, 3º. 28001 Madrid
Referencia VENDEDORES

KANGUROS
desea contratar para Madrid

VENDEDORES/AS
PARA CONSUMIBLES DE OFICINA

Se requiere: Formación a nivel Bachillerato Superior o similar. Deseos de desarrollar una carrera profesional en una empresa de expansión. Experiencia en ventas de Consumibles de Informática y Oficinas a empresas. Edad: 21 a 33 años. Coche propio.

Se ofrece: Contrato laboral y alta en la Seguridad Social desde el momento de su incorporación. Formación permanente en productos y ventas. Ingresos según valía, compuestos de fijo e incentivos.

Interesados, enviar breve historial, con teléfono de contacto, a: Corporación Comercial Kanguros, S. A. División Consumibles de Oficina. Calle Brújula, 21, 28850 Torrejón de Ardoz.

Preguntas

1. ¿Tiene Ud. interés en uno de estos trabajos? ¿En cuál? ¿Por qué?
2. ¿Qué revelan los anuncios sobre la situación de la mujer en el mundo del trabajo?
3. ¿Dónde va a vivir el cocinero? ¿Qué van a vender los vendedores?
4. ¿Qué experiencia se requiere en cada caso?

6 Las diversiones

Madrid, España. Un ensayo (rehearsal) *de una «Tuna» universitaria. ¿Participa Ud. en un grupo musical en su universidad? ¿Cuál?*

Todos conocemos el chachachá, el tango y el merengue, pero ¿qué sabe Ud. sobre la música hispánica tradicional?

57

Estudio preliminar

A. *Reading strategies:* In addition to conjunctions, another type of word that is often overlooked is the preposition. Prepositions are also very important to the meaning of the sentence. For example, **Juan es de México** and **Juan está en México** mean very different things. Even if you aren't sure of the different meanings of **ser** and **estar**, you can still tell that the first sentence means *John is from Mexico* and the second means *John is in Mexico* if you pay attention to the prepositions **de** and **en**.

Here are three pairs of sentences with a few words that are probably unfamiliar to you. Try to guess what kinds of things the italicized words refer to by thinking about the meaning of the prepositions in the context of the sentence.

1. María vuelve hoy de *Rosario.*
2. María vuelve hoy con *Rosario.*
3. Juan está con *Cardona* en *Ronda.*
4. Juan está en *Cardona* con *Cárdenas.*
5. Carlos se sienta en su *recámara.*
6. Carlos se sienta con su *cuñado.*

B. Here are some new words you will encounter in the reading selection. Study them before you begin to read.

VERBOS		ADJETIVOS	
asociar	*to associate*	árabe	*Arabic*
componer	*to compose*		
		OTRAS PALABRAS Y EXPRESIONES	
SUSTANTIVOS			
la cuerda	*string* (of a guitar, violin, etc.)	todavía	*still, yet*
la hazaña	*feat, deed*		
la prensa	(*printing*) *press*		
el pueblo	*the common people*		
el romance	*ballad*		

Which words are related in form to the English words *component*, *cord*, and *association*? Which words are cognates? Are there any false cognates?

La tradición musical más rica del mundo hispánico se encuentra en la música folklórica. En España, por ejemplo, el «romance» es una forma de composición musical que se origina en la Edad Media,° antes de la invención de la prensa mecánica.   Edad... *Middle Ages*

Originalmente había° largas canciones narrativas sobre los héroes locales y   *there were*

© PETER MENZEL

Esta famosa estatua del héroe nacional de España, el Cid, está en Burgos. Allí el Cid nació (was born) *y allí está enterrado* (buried) *en la Catedral con su esposa, Ximena.*

nacionales. Hoy día sólo tenemos los romances, que son fragmentos de los poemas originales. Parece que con el tiempo el pueblo pierde interés en los detalles° de las hazañas de los héroes como el Cid* pero sigue el interés en los aspectos humanos, es decir, sus amores, sus tragedias personales, etcétera.

    Después de la introducción de la prensa en el siglo XV, el romance se comienza a componer en forma escrita,° pero la tradición oral vive todavía entre el pueblo español. No es sorprendente° entonces° que una tradición tan fuerte y tan antigua en la cultura española tenga importancia también en Hispanoamérica. En México, por ejemplo, se encuentra el «corrido», descendiente directo del romance. Corrido es el nombre usado por los andaluces, del sur de España, para el romance.

    Como el romance, el corrido comunica oralmente las hazañas de los héroes locales y nacionales. Tradicionalmente, también servía para diseminar las noticias° del día: los crímenes pasionales, los accidentes, las elecciones, etcétera. Hay muchos corridos sobre la Revolución Mexicana de 1910, por ejemplo. Con los nuevos medios° de comunicación el corrido ya no tiene la función informativa de antes. Las noticias del día llegan hoy a los lugares más apartados° del mundo por televisión. El cine trae diversiones y presenta lo que ocurre en todo el mundo. Sin embargo, todavía se componen corridos como composiciones poéticas populares y se cantan en las ferias para divertir al pueblo. Frecuentemente tienen un tono satírico y humorístico y se refieren a los políticos, las figuras importantes y los problemas locales de actualidad.°

    A veces los corridos son canciones con una lección moral, como «El corrido de José Lizorio». José es un minero que un día no obedece a su madre y llega a casa borracho.° Dice ella:

details

written

surprising / *then*

news

means

isolated

de... present-day

drunk

---

*The hero of Spain's national epic *El cantar de mío Cid*, the Cid lived from about 1030 to 1099 and was an important figure in the reconquest of Spain from the Moslems.

> Quiera Dios, hijo malvado
> y también todos los Santos,
> que te caigas de la mina
> y te hagas mil pedazos.

> *May it please God, evil son,*
> *and also all the saints,*
> *that you fall into the mine*
> *and break into a thousand*
>   *pieces.*

Y al día siguiente° José se cae° y muere. Pero deja su consejo: *next / se... falls*

> Adiós, todos mis amigos,
> adiós, todos mis parientes,
> para que pongan cuidado
> los hijos desobedientes.

> *Goodbye, all my friends,*
> *Goodbye, all my relatives,*
> *so that disobedient sons*
> *will be careful.*

La música del corrido es generalmente muy sencilla° y se toca con guitarra,   *simple*
el instrumento más típico de la música hispánica. La guitarra proviene° de un   *comes*
antiguo instrumento romano y se encuentra en España desde muy temprano.°   *desde... very early*
Durante la Edad Media los otros pueblos de Europa abandonan la guitarra
como instrumento importante. La guitarra antigua de cuatro cuerdas se convir-
tió en° la guitarra moderna de seis cuerdas entre 1500 y 1800. En esa época   *se... became*
comienza en España una tradición brillante de música para guitarra.

Los guitarristas españoles más conocidos son los que, como Andrés Segovia, continúan la tradición de música clásica para guitarra que se compone
sólo en España. Pero hay también otra música para guitarra que es bien conocida fuera de España: el flamenco, la música folklórica de Andalucía. El flamenco muestra una profunda influencia gitana y todavía se asocia con esa
cultura andaluza.* También muestra mucha influencia árabe. Sus características principales son el uso de intervalos de menos de medio tono y un ritmo
irregular, muy expresivo. Una descripción en palabras, sin embargo, no capta°   *capture*

© UPI/BETTMANN NEWSPHOTOS

Andrés Segovia (1893–1987) era el guita-
rrista más famoso en el campo de la música
clásica para guitarra, música única (unique)
de España.

---

*Since the mid fifteenth century, Andalusia has been the home of a sizable population of gypsies,
who have had a profound influence on the folklore and folk music of the region.

el verdadero espíritu de la forma porque falta el elemento esencial, el «duende».

El concepto de duende es casi imposible de explicar. Cuando se dice en España que algo «tiene mucho duende», significa que tiene un espíritu auténtico. El concepto es comparable tal vez con el concepto de *soul* cuando se usa popularmente en relación con la música negra de los Estados Unidos. De todos modos es un elemento indispensable de la música flamenca de Andalucía y se dice que es igualmente indispensable oír a un cantante con duende para entender el verdadero flamenco.

© COMSTOCK

Un tablao (stage) *flamenco en Sevilla, España. En el baile y el cante* (singing) *flamencos se mezclan* (are mixed) *lo sensual y lo digno* (dignified). *Cuando los «bailaores» tienen duende* ("soul") *el público muestra mucho entusiasmo.*

Preguntas

A. Conteste según la lectura.

1. ¿Cuál es la tradición más rica de la música hispánica?
2. ¿Cuál es el propósito (*purpose*) original del romance?
3. ¿Por qué se pierden (*are lost*) y por qué se conservan (*are conserved*) algunas partes de los romances originales?
4. ¿De qué clase de temas trata el corrido y en dónde se canta?
5. ¿Por qué el corrido ya no tiene la función informativa de antes?
6. ¿Para qué componen corridos hoy en los pueblos?
7. ¿De dónde proviene la guitarra y dónde se compone música clásica para este instrumento?
8. ¿Cuáles son las influencias que se encuentran en la música flamenca?
9. ¿En qué consiste el verdadero flamenco?

B. Conteste estas preguntas personales.

1. ¿A Ud. le gusta más la música clásica, la moderna o la folklórica? ¿Puede Ud. explicar las diferencias básicas entre los tres tipos?
2. ¿Hay una tradición de música folklórica en los Estados Unidos? ¿Conoce Ud. algunas canciones folklóricas? ¿De qué tratan las canciones folklóricas norteamericanas?

3. ¿Conoce Ud. una canción sobre los siguientes temas: Susana; el trabajo en el ferrocarril; el viento; el sol; el valle de un río; las calles de un pueblo de Texas; una montaña cubierta (*covered*) de nieve; quinientas millas; Miguel y su lancha (*boat*); una casa llamada «El sol naciente» (*rising*)?
4. ¿Cuál es su canción favorita ahora? ¿Puede Ud. explicar en español el título o de qué se trata?
5. ¿Qué instrumento es más típico de la música folklórica norteamericana? ¿la armónica? ¿el violín? ¿el acordeón? ¿el banjo? ¿la guitarra? ¿el piano?

Trozos culturales

VOCABULARIO ÚTIL

c/ (la calle)	*street*
la edad	*age*
el estudio	*studio*
mixto	*mixed* (male and female)
Tfno (el teléfono)	*phone*

Preguntas

1. ¿Aprende Ud. algún baile americano? ¿Por qué sí o por qué no?
2. ¿Qué significa el hecho (*fact*) de que los bailes tienen que aprenderse (*be learned*)?
3. ¿Conoce Ud. alguno (*any*) de estos bailes españoles?

Estudio de palabras

In Spanish and in English, prefixes are used to change the meaning of a word.
The Spanish prefix **des-** usually corresponds to *dis-* or to *un-* in English.

What is the English equivalent of these words?

descreer	descontento
desorden	desplacer
descubrir	deshacer
desempleo	desobedecer

Sometimes the English equivalent does not have the same form, but a Spanish word with the prefix **des-** always means the opposite of the root word.

What is the English equivalent of these words?

descansado   desencanto   desconocer   descomponer

Complete the following groups of words.

ESPAÑOL	INGLÉS	ESPAÑOL	INGLÉS
organizado	*organized*	*desorganizado*	*disorganized*
1. favorecido	_____	_____	_____
2. equilibrio	_____	_____	_____
3. igual	_____	_____	_____
4. orientado	_____	_____	_____
5. aparecer	*to appear*	_____	_____
6. armar	_____	_____	_____
7. agradable	_____	_____	_____
8. contar	*to count*	_____	_____
9. ilusión	_____	_____	_____
10. integrar	_____	_____	_____

Estudio de estructura

Recognizing the past tenses. Spanish has two indicative past tenses that you will learn in detail later. They are often irregular, but they are relatively easy to recognize. Here are the third-person endings that you will encounter as you continue reading this book.

-ar verbs		**-er/-ir** verbs	
él habló	ellos hablaron	él comió/vivió	ellos comieron/ vivieron
él hablaba	ellos hablaban	él comía/vivía	ellos comían/ vivían

Two common verbs that are irregular in these tenses are **ser** and **ir**. Here are their third-person singular and plural forms.

ser		**ir**	
él fue	ellos fueron	él fue	ellos fueron
él era	ellos eran	él iba	ellos iban

Note that **ir** and **ser** have identical forms in the first tense; the context will always make clear which verb is meant.

The first of these two past tenses is usually translated as *he/they spoke, ate, lived.* The second is usually translated as *he/they was (were) speaking, eating, living,* or as *he/they used to speak, eat, live.*

Can you express these sentences in English?

1. El guitarrista miró al entrenador.
2. Los muchachos se despertaron temprano.
3. El profesor explicó el origen de la guitarra.
4. La cantante cantaba una canción española.
5. Compraron dos camisas nuevas.
6. Ella se levantó a las ocho.
7. El compositor escribió dos obras en una semana.
8. Los españoles adoptaron la guitarra como instrumento básico.
9. El concierto comenzó a las nueve y terminó a las doce.
10. Ella salió temprano.
11. Mi hermano fue a México.
12. El guitarrista era español.
13. Antes iban a todos los conciertos.
14. La pieza fue original.
15. Fueron a un concierto en España.

Práctica

After reviewing the material in **Estudio de palabras** and in **Estudio de estructura,** try to read the following poem without looking up any words. It is a well-known fifteenth-century Spanish **romance** called «**El romance del prisionero**». Its mixture of present and past tense verbs is typical of the **romances.**

Que por° mayo era por mayo	*in*
cuando hace la calor	
cuando los trigos encañan°	*los… the wheat starts to rise*
y están los campos° en flor,°	*fields / en… in bloom*
cuando canta la calandria°	*lark*
y responde el ruiseñor,°	*nightingale*
cuando los enamorados°	*lovers*
van a servir al amor;	
sino yo,° triste, cuitado,°	*sino… except for me / distressed*
que vivo en esta prisión;	
que ni sé cuándo es de día	
ni cuándo las noches son,	
sino° por una avecilla°	*except / little bird*
que me cantaba al albor.°	*dawn*
Matómela un ballestero;°	*Matómela… An archer killed it*
déle Dios mal galardón.°	*déle… may God reward him poorly*

How well did you understand the poem? Complete the following sentences to summarize its main points.

1. La persona que habla es _____ ; está en _____ .
2. Para él, la primavera es la estación del _____ .
3. No puede ver nada, pero puede oír _____ .
4. Un _____ mató la avecilla.

En directo

Claro que España también produce música moderna popular como la que canta Julio Iglesias, conocido en todo el mundo. Las siguientes selecciones de la *Guía de Sevilla* dan idea de la opinión que de él tienen en España algunos críticos.

Julio Iglesias en la Maestranza°...

Julio Iglesias, Julius Church, es el español más conocido en América y es también el «americano» que menos encandila° en España...

El millonario cantante afincado° en Miami sc ha visto envuelto° en las redes de su propia trampa,° verdugo° y víctima a la vez° de una remembranza musical de despotismo ilustrado°: todo para el pueblo pero sin el pueblo... Tras su gira° española, Julio Iglesias se ha visto aupado,° quién lo diría,° a artista de élite...

El día 5 canta en la Maestranza de Sevilla... Le espera depués un maratoniano circuito° estadounidense, junto a sus paisanos de prestado,° en su patria de arriendo°...

Así es un concierto de Julio Iglesias

El cantante se relaja° en el camerino,° casi siempre rodeado° de los amigos que le acompañan en la gira y de gente de confianza° de su equipo...

La mitad° de los músicos que acompañan a Julio Iglesias son españoles. No expresamente contratados° para la gira que el cantante realiza° por su país de origen, sino adscritos a la nómina del divo° desde la prehistoria de «La vida sigue igual»...

Cuando termina cada una de sus actuaciones, se desplaza° en su avioneta° particular hasta Ibiza, aunque algunas veces altera el rumbo° y se va hasta Vigo [en Galicia] a probar marisco°...

El cantante apenas se mueve en el escenario.° Toda la pasión la concentra en la letra° de sus canciones, que son tímidamente cortejadas° por palmas° pero raramente tarareadas.° Hace ligerísimos arqueos con su cuerpo° y con manía casi enfermiza° se lleva° la mano al costado° como rictus° melódico o como simulacro gestual° del abrazo a la amada°...

de *Diario 16*, septiembre 1988

Bullring in Seville

que... least dazzling

settled / se... has been caught
trap / executioner / a... at the same time
enlightened
tour / raised

would say

maratoniano... marathon tour / paisanos... borrowed compatriots
patria... rented homeland

se... relaxes / dressing room / surrounded
gente... close associates

half

hired / is carrying out

adscritos... on the singer's payroll

se... he leaves

small plane / direction

probar... to try some shellfish
apenas... hardly moves on stage
words / received
por... clapping / hummed along with
Hace... He slightly arches his body / sickly / se... he puts / side
sneer / simulacro... feigned gesture
del... of a lover's embrace

Preguntas
1. Según estos críticos, ¿por qué no es popular Julio Iglesias en España?
2. ¿Cómo es la descripción de su actuación en el escenario?
3. ¿Quiénes rodean a Iglesias cuando se relaja en su camerino?
4. ¿Conoce Ud. algunas canciones de Julio Iglesias? ¿Cuáles son? ¿Con qué artistas norteamericanos ha grabado (*has he recorded*) discos?
5. ¿Le gusta a Ud. Julio Iglesias? ¿Por qué sí o por qué no?

Una última ojeada

Aquí hay una lista de algunos conciertos de un verano en Madrid.

PALACIO DE DEPORTES
DE LA COMUNIDAD DE MADRID
(Avda. de Felipe II)

MARTES 15.
MILES DAVIS

Todos los días a las 21 horas.

MIERCOLES 16.
MICHEL CAMILO TRIO
HERBIE HANCOCK QUARTET

JUEVES 17.
HELEN MERRILL
OSCAR PETERSON TRIO

VIERNES 18.
DJAVAN
CHICK COREA ELEKTRIC BAND

Colabora:

AEROLINEAS ARGENTINAS
Ayuntamiento de Madrid
Comunidad de Madrid
MINISTERIO DE CULTURA

PLAZA DE TOROS DE LAS VENTAS

26 de julio   22.00 h.
GEORGE BENSON *
Precio: 1.500 Ptas.

28 de julio   23.00 h.
CARLOS SANTANA AND
WAYNE SHORTER BAND *
Precio: 1.500 Ptas.

6 de septiembre   22.00 h.
MIGUEL BOSÉ **
Precio: 1.000 Ptas.

8 de septiembre   22.00 h.
MECANO **
Precio: 1.000 Ptas.

9 de septiembre   22.00 h.
JOAQUÍN SABINA **
Precio: 1.000 Ptas.

ESTADIO VICENTE CALDERÓN

22 de julio   21.30 h.
PINK FLOYD *
Precio: 3.000 Ptas.

2 de agosto   22.00 h.
BRUCE SPRINGSTEEN ***
Precio: 3.250 Ptas.
Producción: D.P.M.
en concierto con

7 de agosto   22.00 h.
MICHAEL JACKSON ***
Precio: 3.500 Ptas.

NOTAS: Venta anticipada de localidades en la caseta de la C/ Preciados (Plaza Callao) de 11 a 14 y de 17 a 20 horas (domingos cerrado).
* Venta anticipada también en Discoplay: Los Sótanos (Gran Vía, 55) y en La Vaguada.
** Venta anticipada también en El Corte Inglés.
*** Venta anticipada sólo en El Corte Inglés.

— Las entradas sobrantes para todos los espectáculos, si las hubiera, a la venta en las taquillas de los recintos correspondientes.

VOCABULARIO ÚTIL

la caseta	*ticket booth*	sobrante	*remaining*
la localidad	*seat*	la taquilla	*ticket booth*
el recinto	*location*	la venta	*advance sale*
si las hubiera	*if there are any*	anticipada	

Preguntas
1. ¿Cuáles son los varios tipos de música que presentan?
2. ¿Conoce Ud. a los artistas? ¿A quiénes no conoce? ¿De quiénes tiene Ud. discos o cassettes?
3. ¿Cuáles son los más populares en los Estados Unidos? ¿Conoce a alguno de ellos en persona?
4. Explique Ud. a un amigo cómo se consiguen las localidades para cada concierto. ¿Cómo consigue entradas (*tickets*) para el concierto que Ud. más querría (*would want*) ver?

7 La comida

Unas mujeres de Sevilla, España comen paella, un plato típico español hecho (made) con arroz (rice), mariscos y carne (meat).

© PETER MENZEL

¿Le gusta a Ud. comer rápida o lentamente (*slowly*)? ¿Cuántas veces come Ud. al (*per*) día?

Estudio preliminar

A.   *Reading strategies:* It is often very important to notice punctuation when you read. As you know, when you see an upside down question mark, what follows is a question. Another punctuation mark that may be very important to the meaning of a sentence is the comma. When it follows a name, it often means that the sentence is addressed directly to that person. Compare these sentences:

José pinta la pared.   *José is painting the wall.*
José, pinta la pared.   *José, paint the wall.*

Can you tell the difference in meaning of these sentences?

1.   Elena, busca la estatua. Elena busca la estatua.
2.   Elena buscó la estatua. Elena, busco la estatua.
3.   Señor Gómez, espere aquí. El señor Gómez espera aquí.
4.   Juanito, cruza la calle aquí. Juanito cruza la calle aquí.

B.   Here are some new words you will encounter in the reading selection. Study them before you begin to read.

VERBOS		OTRAS PALABRAS Y EXPRESIONES	
convertir(se) (ie, i) (en)	*to convert, change (into)*	entonces	*then*
crear	*to create*	el ser humano	*human being*
resolver (ue)	*to solve*	todo el mundo	*everyone*

SUSTANTIVOS	
el dios	*god*
el hogar	*home*
el maíz	*corn*
el propósito	*purpose*
el tema	*theme, topic*

Which words are related in form to the English words *creation, convert,* and *resolution*? Which words are cognates?

¿**S**omos lo que comemos? La historia maya nos dice que los dioses, después de fracasar° dos veces en la creación de los hombres—primero usaron el lodo,° la segunda vez la madera—finalmente crearon a los hombres de maíz. Así que el maíz vino a ser la comida principal de los mayas. Es obvio que una de las necesidades más básicas del ser humano es la de comer. Tal necesidad física, sin embargo, se convierte en casi todas las culturas del mundo en algo social. Por eso, si no somos literalmente hombres de maíz, es seguro que la calidad de nuestra vida se relaciona con lo que comemos.

failing
mud

© PETER MENZEL

El maíz es un alimento básico en algunas partes de Hispanoamérica. Los indios mexicanos dejaron de (stopped) ser nómadas y comenzaron a construir grandes ciudades y centros religiosos cuando aprendieron a cultivar el maíz.

En el mundo moderno una invitación a comer sirve como pretexto para una reunión social—entre familias, entre enamorados° o entre amigos. La comida de negocios ocupa un lugar sagrado° en el mundo comercial. El empleado invita a su jefe a comer con la familia para mejorar sus perspectivas.° Es indispensable que las bodas° se celebren con una comida o un banquete. Se ve que la comida sirve como base de muchas otras actividades de la vida.

Esto es aun más importante en la sociedad hispánica. Las personas hispánicas son básicamente gregarias.° Les gusta mucho la conversación. Buscan todas las oportunidades posibles para la interacción social. Resulta que tienen seis ocasiones diarias para comer y, lo que es más importante, para conversar con la familia o con los amigos: el desayuno, a veces el almuerzo, la comida, la merienda, las tapas° y la cena.

La costumbre más típica y más constante que relaciona comida y conversación es la costumbre de la «sobremesa». Después de terminar la comida principal (generalmente a las tres de la tarde), muchas familias se quedan a la mesa durante una hora (o más) para conversar. Es cuando todos informan a los otros de sus actividades diarias y se resuelven conflictos o problemas familiares. Los que comen en un restaurante con los amigos hacen la misma cosa, pero es probable que hablen de política o de negocios. Todo esto es posible porque tienen tres horas para comer y dormir la siesta, si lo desean. Una comida no les parece completa si no termina con la charla° de sobremesa. Les parece raro° que los norteamericanos coman y salgan con tanta prisa.°

lovers

sacred

prospects / weddings

outgoing

hors d'oeuvres

chat

strange / haste

© COMSTOCK

Restaurante al aire libre en la Zona Rosa, México, D.F. El buen clima de México hace posible el comer al aire libre durante gran parte del año. En algunos de los países muy al sur del ecuador, esto es posible solamente en el verano, que coincide con nuestro invierno.

Otra institución básica de la sociedad hispánica es el café-bar. Escenario° de una gran actividad social, es una combinación de bar y de *snack bar*. Se sirve de todo: desayunos, tapas, bebidas ligeras° y bebidas alcohólicas. A los

Scene

bebidas... *soft drinks*

© PETER MENZEL

Un bar típico de Madrid, España. Como todos los café-bares, éste sirve refrescos (soft drinks) y café además de bebidas alcohólicas.

cafés van los amigos a charlar, las mujeres después de ir de compras, los estudiantes de colegio y los universitarios, etcétera. El café del barrio—frecuentemente al aire libre—es un lugar importante para el contacto social. La gente se sienta para comer y beber pero también para saludar° a los vecinos y amigos. *to greet*
Los españoles, según el dicho,° siempre vuelven de un viaje a los otros países *saying*
de Europa con dos impresiones: la falta° de sol y la ausencia de bares. *lack*

El café es el escenario de otra tradición antigua—la «tertulia». Su nombre viene de un romano° del siglo° II conocido° por su elocuencia, Tertuliano. Es *Roman / century / known*
una reunión de amigos que se repite regularmente con el propósito de la conversación.

El café-bar y el restaurante tienen una función social además de comercial. Puesto que° la sociedad hispánica tiende° a ser menos móvil,° el bar es un lugar *Puesto... Since / tends / mobile*
conocido con gente conocida—casi una extensión del hogar. El concepto del
bar hispánico es semejante° al de° un bar famoso de los EE.UU. «donde todo el *similar / al... to that of*
mundo sabe tu nombre». Pero mientras ese bar es algo ficticio,° en el mundo *fictitious*
hispánico son lugares que desempeñan un papel° importante en la vida. *desempeñan... play a role*

Preguntas

A.   Conteste según la lectura.

1.   ¿Cómo vino a ser el maíz la comida principal de los mayas?
2.   ¿Cuáles son algunas ocasiones que se celebran con comidas?
3.   ¿Cuáles son las seis posibles ocasiones de comer en el mundo hispánico? ¿Qué hacen además de comer?
4.   ¿De qué temas (*subjects*) conversan los hispanos en la sobremesa?
5.   ¿Qué cosas sirven en un café-bar hispánico?
6.   ¿Qué hace la gente en el café-bar además de comer y beber?
7.   ¿Qué personas van al café-bar? ¿Puede Ud. pensar en otras personas que probablemente van?
8.   ¿Qué echan de menos (*miss*) los españoles cuando viajan al extranjero (*abroad*)?
9.   ¿Cómo es que el bar hispánico es tan familiar mientras en los EE.UU. no lo es tan frecuentemente?
10.   ¿Para qué efecto social sirve el café-bar?

B.   Conteste estas preguntas personales.

1.   ¿Conoce Ud. algunos platos hispánicos? ¿Cuáles le gustan más? ¿Cuál es su país de origen?
2.   ¿Usa Ud. una invitación a comer como pretexto para otra cosa? ¿Cuándo?
3.   ¿Le gusta comer en restaurantes? ¿Prefiere los restaurantes elegantes o los pequeños? ¿Por qué?
4.   ¿Su familia se queda a la mesa para conversar después de comer? ¿De qué temas hablan Uds.?
5.   ¿Tiene Ud. algo parecido (*like*) a una tertulia con los amigos? ¿Dónde se reúne con los amigos? ¿De qué hablan?

Trozos culturales

VOCABULARIO ÚTIL

a la brasa	*cooked over coals*
amenizado	*made pleasant*
la boda	*wedding*
la botella	*bottle*
el cangrejo	*crab*
la carne	*meat*
el cerdo	*pork*
compuesto de	*made up of*
el cordero	*lamb*
el champiñón	*mushroom*
el chuletón	*chop*
encargar	*to order*
la ensalada	*salad*
la manzana	*apple*
el moho picón	*small freshwater fish*
ofreciendo	*offering*
la paella	*rice dish with meat or seafood and vegetables*
el pescado	*fish*
el refresco	*soft drink*
la tarta	*pie*
la ternera	*beef, veal*
el tinto	*red wine*
la zanahoria	*carrot*

Preguntas

1. ¿A cuál de los dos restaurantes prefiere ir Ud.? ¿Por qué? ¿En qué carta hay más cosas que le gustan?
2. ¿Le gusta escuchar música cuando come? ¿Qué tipo de música prefiere con la comida? ¿Por qué?
3. ¿Cuál de las comidas parece más grande? ¿Come Ud. tanta comida frecuentemente? ¿Dónde?
4. ¿Cuál es su restaurante favorito? ¿Qué cosas sirven allí? ¿Es caro o económico?
5. ¿Cuál de los restaurantes en estos anuncios le parece más económico? Con la peseta a 115 al dólar, ¿le parecen los dos económicos o caros?

Estudio de palabras

Muchas palabras en inglés terminan en *-ous*. Son sustantivos que se convierten en adjetivos: *mystery → mysterious; curio → curious.* En español el equivalente es **-oso.**

fame	→ *famous*	**fama**	→ **famoso**
ambition	→ *ambitious*	**ambición**	→ **ambicioso**
melody	→ *melodious*	**melodía**	→ **melodioso**

¿Cómo se dice en inglés?

delicioso	**fabuloso**	**generoso**	**precioso**
estudioso	**escandaloso**	**contagioso**	**espacioso**

¿Cómo se dice en español?

furious	*ingenious*	*vigorous*	*glorious*
amorous	*luminous*	*curious*	

A veces la palabra equivalente en inglés no termina en *-ous*. Pero si se sabe el sustantivo, se puede adivinar (*guess*) el sentido en inglés.

¿Puede Ud. completar las siguientes equivalencias?

1. poder = *power;* poderoso = _____
2. bondad = *goodness;* bondadoso = _____
3. cariño = *affection;* cariñoso = _____
4. peligro = *danger;* peligroso = _____
5. maravilla = *marvel;* maravilloso = _____
6. lluvia = *rain;* lluvioso = _____
7. trampa = *trick;* tramposo = _____
8. cuidado = *care;* cuidadoso = _____
9. mentira = *lie;* mentiroso = _____
10. ruido = *noise;* ruidoso = _____
11. ventaja = *advantage;* ventajoso = _____

Estudio de estructura

Recognizing the passive voice. As you know, in passive voice constructions, the subject of the sentence is acted upon, rather than performing the action—for example, *The door **was opened** by the doorman.* In Spanish, the true passive voice is formed with any tense of the verb **ser** plus the past participle (**-ado** or **-ido**), just as in English. The agent or performer of the action is usually expressed.

La lección **fue terminada** por el
estudiante.

*The lesson was finished by the
student.*

La ciudad **fue fundada** por los
españoles.

*The city was founded by the
Spanish.*

Los platos **son servidos** por el
camarero.

*The dishes are served by the
waiter.*

Can you express these sentences in English?

1. Los hombres fueron creados por los dioses.
2. Todos los días la comida es preparada por los estudiantes.
3. La puerta es usada por los empleados.
4. El niño fue abandonado por sus padres.
5. La canción iba a ser tocada por Andrés Segovia en su próximo concierto.
6. El accidente fue causado por el niño.
7. Mi compañía va a ser dirigida por una española.

Práctica

After reviewing the material in **Estudio de palabras** and in **Estudio de estructura,** try to read the following passage without looking up any words.

En la sociedad hispánica el café es una institución sagrada. Se debe en parte a la personalidad de los hispánicos. Parece que hay en su carácter una necesidad de contacto humano. No les gusta mucho estar solos y a veces parece que viven en la calle. Les importa poco que haya una multitud de gente allí y que la calle y el café sean ruidosos.

Otras dos costumbres confirman eso. Durante la conversación es notable la tendencia a tocar a la otra persona constantemente. No es escandaloso que dos hombres dedicados a° la conversación caminen por la calle cogidos del brazo.°

dedicados... *engrossed in /*
cogidos... *arms linked*

El concepto del «espacio personal», un término que fue inventado por los antropólogos, es otra diferencia. El espacio que se mantiene entre dos hispanos que conversan es mucho menor que en la sociedad norteamericana. En el mundo de los negocios es probable que dos personas en una oficina espaciosa se sienten muy juntos° para hablar. No les parece cómodo conversar con una gran mesa en medio. Es recomendable que el norteamericano se acuerde de esta costumbre si quiere tener éxito en el mundo hispánico.

close together

How well did you understand the reading passage? Choose the statement that best summarizes the overall message.

1. Las personas hispánicas encuentran muy gustosa la soledad.

2. A la persona hispánica le encanta estar rodeada de (*surrounded by*) mucha gente.
3. Todos los negocios en el mundo hispánico se hacen en el café.

En directo

Una costumbre en algunos lugares del mundo hispánico es la de ir al bar después del trabajo o de la escuela para socializar, beber y comer. Un bar, generalmente un «café-bar», es un café que también sirve bebidas alcohólicas; así que no se limita° a los adultos sino que° van personas de todas las edades. Como el «ir de tapas» es una costumbre muy común en Sevilla, esta ciudad ofrece reseñas° de los bares y las tapas que sirven, como se hace para el cine° o cualquier espectáculo.° En el siguiente artículo de la *Guía de Sevilla*, un suplemento del periódico *Diario 16*, un experto, Antonio Garmendia, evalúa un bar.

así... so it isn't limited / sino... but rather

reviews / movies

show

Ir de tapas—Bar Donaire

El bar Donaire es uno de los treinta y cuatro—treinta y cuatro, que yo los he contado°—que se agrupan en la Alfalfa, barrio que, aun situado en pleno centro de la ciudad, no ha perdido ninguno° de los encantos° tradicionales que a todo barrio adornan.

El bar Donaire es muy concurrido° por una alegre y ruidosa grey° de estudiantes de las academias y colegios cercanos, que atiborran° en las cotidianas horas de recreo,° en ansiosa búsqueda° de reconfortantes bocadillos°...

Las tapas de Donaire, que pueden saborearse° al sedante° precio de setenta y cinco pesetas, se encuadran en° tres divisiones, a saber°: Plancha°: Comprende el hígado,° los filetes, el cochinito° y las perfumadas salchichas de Almansa.°

Vienen después los generosos emparedados,° fríos o calientes, de sobrasada,° *bacon*, jamón° de York, chorizo picante,° morcilla,° anchoas° con roquefort, salmón y trucha.°

El tercer apartado,° de fogón,° lo integran el potaje° de garbanzos, el hígado encebollado,° las cabrillas° y las tortillas° de patatas y de verdura.°

de *Diario 16*, enero 1989

he... I have counted

no... hasn't lost any / charms

muy... much patronized / ruidosa... noisy flock / pile in

break / ansiosa... anxious search / reconfortantes... comforting sandwiches / be savored / soothing / se... fit into / a... namely

Grill / liver / sausage

perfumadas... aromatic Almansa sausages / sandwiches

sausage / ham / chorizo... spicy sausage / blood sausage / anchovies / trout / section / stove / stew / with onions / snails / omelets / vegetables

---

Preguntas

1. ¿Cuántos bares hay en el barrio Alfalfa y dónde está situado?
2. ¿Cuáles son los tipos de tapas que sirven en el Donaire y cuánto cuestan?
3. ¿Qué tapas sirve Ud. en una fiesta? ¿Le gusta a Ud. comer entremeses? ¿Qué entremeses prefiere?

Una última ojeada

VOCABULARIO ÚTIL

la almendra	*almond*
el batido	*milkshake*
el coco	*coconut*
la cremosidad	*smoothness*
la granja	*farm*
la harina de trigo	*wheat flour*
el helado	*ice cream*
horneado	*baked*
junto con	*along with*
el mejor	*best*
molido	*ground*
la nuez	*nut*
las pasas	*raisins*
la receta	*recipe*
sentirás	*you'll feel*

Ahora, por fin, las auténticas Cookies Gourmet americanas en Europa, de la mano de

Neal's COOKIES

¿Cuál es el secreto que las hace tan especiales? Una receta tradicional americana junto con los mejores ingredientes europeos.

Prueba una: enseguida sentirás la cremosidad del chocolate suizo horneado con huevos frescos de granja, harina de trigo recién molido, y un toque de mantequilla y azúcar.

Prueba otra, y otra más: las hay con nueces, con almendras, con pasas, con coco...

¡Ah! pide también nuestros deliciosos helados y batidos NEAL'S ICE CREAM

Preguntas

1. Puesto que (*since*) la palabra española **galleta** significa *cookie*, ¿por qué utilizan la palabra americana?
2. ¿Qué idiomas se ven en la frase «las auténticas Cookies Gourmet americanas en Europa»?
3. ¿A Ud. le gustan las cookies gourmet? ¿Qué marca (*brand*) le gusta más? ¿Por qué?

8 De compras

De compras en Madrid, España

© BERYL GOLDBERG

Cuando Ud. va de compras, ¿lo ve como una necesidad o como una diversión? Ir de compras puede tener varios propósitos.

Estudio preliminar

A.   *Reading strategies:* As you know, verb endings convey a lot of information: person and number, and also tense and mood. When reading, it is important to pay close attention to these endings. Often the only difference between two words is an accent mark, but their meanings may be quite different. How do the following pairs of sentences differ in meaning?

1. Compro leche en el mercado.   Compró leche en el mercado.
2. Dejé la carne en el mercado.   Deje la carne en el mercado.
3. Llevan dos regalos.   Llevaban dos regalos.
4. Recogí el pescado a las seis.   Recogía el pescado a las seis.

B.   Estudie estas palabras y expresiones antes de comenzar a leer.

VERBOS		ADJETIVOS	
bajar (de)	*to go down (from)*	peor	*worse*
casarse (con)	*to get married (to)*		**OTRAS PALABRAS Y EXPRESIONES**
deber	*to owe*	acabar de (+ *inf.*)	*to have just (done something)*
merecer (zc)	*to deserve*	de vacaciones	*on vacation*
		¿de veras?	*really?*
SUSTANTIVOS		estar listo	*to be ready*
la alegría	*happiness*	¿Qué hay de nuevo?	*What's new?*
el kilo	*kilo (2.2 lb.)*		
la lechuga	*lettuce*	¡Qué lástima!	*What a shame!*
el litro	*liter (1.05 qt.)*		
la mercería	*sewing-goods store*		
la naranja	*orange*		
la pareja	*(married) couple*		
el rey	*king*		

¿Qué palabras de la lista se relacionan con estas palabras inglesas: *debt, reign, veracity, merit?* ¿con estas palabras españolas: **casa, verdad, alegre, bajo?** ¿Hay cognados? ¿cognados falsos?

Juana y Julia van de compras. Vamos a seguirlas para ver lo que les pasa durante un día corriente.°   *typical*

JUANA: Mamá, tenemos prisa. Vámonos. Tenemos que volver antes de la una.
 JULIA: Ya voy.° Buscaba mis zapatos.   *Ya... I'm coming.*
JUANA: Tenemos que comprar varias cosas para la comida. ¿Estás lista?
 JULIA: Sí, hija. Vamos.

Salen del apartamento y bajan en el ascensor° hasta la planta baja.* elevator

PORTERO†: Buenos días, doña Juana, doña Julia. ¿De compras?

JUANA: Sí. Como de costumbre. ¡Cómo me cansa° ir de compras todos los   me... *it tires me*
días!

PORTERO: Acaba de pasar el señor García. Me decía que su esposa está peor.
Vinieron los hermanos.

JULIA: ¡Qué lástima! La pobre no merece tanto sufrimiento.

PORTERO: ¿Verdad?

JUANA: Pues, debe ser la voluntad° de Dios. Oiga, Manuel, si viene mi hija   *will*
de la escuela, ábrale la puerta. No tiene llave.°   *key*

PORTERO: Sí, claro.

JUANA: Gracias, Manuel. Vamos, mamá.

Salen las dos mujeres a la calle.

JULIA: ¿Adónde vamos primero?

JUANA: Primero, a la frutería de doña María. Está cerca.
Entremos, mamá.

MARÍA: Buenos días. ¿Cómo estáis?

JUANA: Bien, bien. ¿Y tú? ¿Cómo anda° tu esposo?   *is*

MARÍA: Ya está mejor. Hablaba esta mañana de volver al trabajo.

JUANA: ¡Qué bien! Me alegro mucho.

MARÍA: ¿Oíste las últimas noticias de Ricardo? Se va a casar con Teresa en
junio.

JULIA: ¿Teresa? ¿Qué Teresa?

JUANA: Tú la conoces, mamá. Es la sobrina de Mercedes que vive al lado.°   al... *next door*

JULIA: Ah, sí. Una chica bonita, ¿verdad?

MARÍA: Es preciosa. Van a ser una pareja ideal, ¿no?

JUANA: ¡Qué alegría! Pues, mira, María. Tenemos que hacer muchas compras.
¿Cómo están las naranjas hoy?

MARÍA: Son excelentes. Mira ésta. ¿Cuántas quieres?

JUANA: Ponme dos kilos.

MARÍA: Bien. ¿Y qué más?

JUANA: ¿Están buenas las lechugas?

MARÍA: Mira. Están muy frescas.

JUANA: Se ven muy buenas. Dame dos. Y un litro de leche. ¿Cuánto te debo?

MARÍA: A ver. Son trescientas pesetas. Gracias. ¿Adónde vais ahora?

JUANA: Tenemos que ir a la pescadería.

MARÍA: Oye. Hazme el favor de decirle a Ramón que me mande un kilo de

---

*The **planta baja** is the *ground floor*. In some Hispanic countries, this is called the **piso bajo**. The
first floor (**primera planta** or **primer piso**) is what is called the *second floor* in the United States.

†The **portero** (*doorman*) is usually much more than that in Hispanic apartment buildings. He or she
is in charge of maintenance and security, but is also a good source of neighborhood news and
often performs personal favors for the tenants.

*Montevideo, Uruguay.
Un mercado de frutas y
verduras. ¿Dónde com-
pra Ud. la fruta y las
verduras?*

gambas.° Las puede mandar con mi hija. Pasa por allí cuando viene de   *shrimp*
la escuela.

JUANA: Bien. Se lo digo. Vamos, mamá. Hasta luego, María.

MARÍA: Hasta luego. Saludos a la familia.

*Las señoras salen y caminan hacia la pescadería. En la calle se encuentran con
otra mujer.*

JULIA: Eh, Cándida, ¿cómo estás? ¿Adónde vas con tanta prisa?

CÁNDIDA: ¿Qué tal? Iba al supermercado.

JULIA: ¿De veras? Nunca vamos allí. Sé que tiene de todo pero es tan
impersonal y tan frío.

CÁNDIDA: Sí, pero tengo mucha prisa y es más rápido. Es que mi hijo llega
hoy de Sevilla en autobús con su nuevo bebé.

JULIA: ¡Ay! ¡Qué cosa! Es la primera vez que lo ves, ¿verdad?

CÁNDIDA: Sí. Tengo muchas ganas de verlo.

JULIA: Pues, no te detengo° más. Mira. Tráelos a la casa en la primera   *no... I won't keep you*
oportunidad, ¿quieres?

CÁNDIDA: Sí, claro. Tal vez el domingo. Hasta luego.

Juana y Julia siguen y llegan a la pescadería.

RAMÓN: Buenos días. Pasa, Juana. ¿Cómo está usted, doña Julia?

JULIA: Bien, gracias. ¿Y tu hijo? Tenía problemas con su jefe, ¿no?

El pescado es un alimento importante en muchos países hispánicos. Aquí tiene la pescadería de un supermercado de Madrid. Como se ve, es común comprar los pescados enteros (whole). ¿Come Ud. mucho pescado?

RAMÓN: No sé qué decirle. Ayer repitió que iba a cambiar de trabajo. Hoy todo parece estar bien. Es un chico difícil, ¿sabe?

JULIA: Sí, ya sé. Pero todo va a salir bien, Ramón. No te preocupes tanto. Los hijos siempre dan problemas.

JUANA: María quiere que le mandes un kilo de gambas. Dice que su hija pasa por aquí.

RAMÓN: Sí. Veo a la niña casi todos los días. Se las mando con ella.

Las dos mujeres hacen sus compras y después van a la panadería y luego a la mercería para comprar algunas cosas para coser.° Las encontramos de nuevo° en la calle.   to sew / de... again

JULIA: ¡Uy! Con todo este caminar, tengo mucha sed. ¿Entramos al café para tomar algo?

JUANA: Está bien. Yo tengo hambre. Solamente son las doce y Humberto no llega hasta la una y media para comer.

Llegan las dos al café «San Luis».

CAMARERO: Buenos días, señoras. ¿Qué les traigo?

JULIA: Para mí, un refresco° de naranja y un helado de vainilla.   soft drink

JUANA: Yo quiero un café solo° y un pastel.   black

CAMARERO: Muy bien. ¿Ustedes oyeron que el Rey va a pasar por esta calle dentro de° unos minutos? Es por eso que hay tantos policías por aquí. Dicen que va de vacaciones.   dentro... *within*

JULIA: ¿De vacaciones? ¿No acaba de pasar dos semanas en América?

CAMARERO: Sí. Pero el Rey es el Rey, ¿no?

JULIA: Sí. Tiene usted razón.

El camarero les trae las bebidas y los postres. Después de terminar de comer y beber, le pagan y van a casa. Juana comienza a preparar la tortilla para la comida. Llega Humberto del trabajo.

HUMBERTO: Juana. Soy yo. ¿Qué tal?

JUANA: Bien. Un poco cansada de pasar toda la mañana en la calle. ¿Y tú?

HUMBERTO: Bien. Ninguna novedad.° ¿Qué hay de nuevo aquí?   Ninguna... *Nothing new.*

JUANA: Pues, imagínate° que la esposa del señor García está peor. Vi-   *just imagine*
nieron los hermanos. El esposo de María ya vuelve al trabajo.
Ricardo y Teresa se casan en junio. Viene el hijo de Cándida hoy
con el nuevo nieto.° El hijo de don Ramón todavía no decidió   *grandson*
qué va a hacer sobre el problema con el jefe. El Rey pasó por el
barrio esta mañana. Decían que iba de vacaciones a las
montañas.

HUMBERTO: Juana, espera. No me explico cómo, si pasas la mañana de compras, te enteras de° todo lo que pasa en el barrio.   te... *you find out about*

JUANA: Tengo mis fuentes,° mi amor. Tengo mis fuentes.   *sources*

Así van de compras estas mujeres que son muy tradicionales. Ir de compras es obviamente una ocasión social. Sin embargo, es necesario desempeñar
un papel° tradicional para poder hacer eso. Puesto que° más mujeres trabajan   desempeñar... *to play a*
fuera de casa, cada vez menos° pueden dedicar tanto tiempo a las compras   *role* / Puesto... *Since*
diarias. Resulta también en un aumento° en los alimentos° conservados y con-   cada... *less and less*
gelados° y en la creciente° popularidad de los grandes supermercados.   *increase* / *food*
     frozen / *growing*

Preguntas

A. Conteste según la lectura.

En el texto del diálogo que Ud. acaba de leer, hay varias claves (*clues*) que nos revelan en qué país occurre. ¿Puede Ud. encontrarlas? Hay seis claves por lo menos (*at least*).*

B. Conteste estas preguntas personales.

1. Para Ud., ¿ir de compras es una necesidad desagradable o un aconteci-miento (*event*) social?
2. El ir de compras es distinto en los Estados Unidos y en los países hispáni-cos. ¿Puede Ud. explicar la diferencia?
3. ¿Prefiere Ud. ir de compras solo/a o acompañado/a? ¿Por qué? ¿Le gusta acompañar a los amigos cuando ellos van de compras? ¿Tiene Ud. mucha paciencia cuando los amigos tardan (*delay*) mucho en decidir lo que van a comprar? ¿Tarda Ud. mucho en decidir? ¿Por qué sí o por qué no?

---

*You will find the answers to this exercise in Appendix 2.

4. ¿Hay tiendas en el barrio donde Ud. vive? ¿Tiene que usar su auto para ir de compras? ¿Por qué no hay tiendas en la mayoría de los barrios residenciales de los Estados Unidos? ¿Qué efecto tiene eso en el aspecto social del ir de compras?
5. ¿Conoce Ud. a muchas personas en su barrio (o en su residencia para estudiantes)? ¿Sabe Ud. mucho de lo que pasa allí? ¿Le interesa saber lo que pasa?

Trozos culturales

VOCABULARIO ÚTIL

los bienes	*goods*
el calzado	*footwear*
el coche	*automobile*
los electrodomésticos	*appliances*
el hipermercado	*discount store*
hipotecario	*mortgage*
Iberia	*Spanish national airline*
el juego	*gambling*
el juguete	*toy*
la máquina tragaperras	*slot machine*
el menage	*housewares*
los muebles	*furniture*
el porcentaje	*percentage*
el Renfe	*Spanish national railway*
la Transmediterránea	*Spanish national ship line*

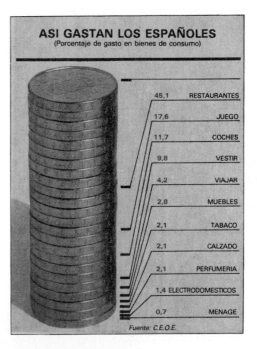

Preguntas
1. ¿Qué cosas importantes *no* se incluyen en «bienes de consumo»? ¿Por qué?
2. ¿Alguna de estas categorías le sorprende a Ud. (*surprise you*)? ¿Por qué?
3. ¿La división de gastos es más o menos igual a la de Ud.? ¿Qué diferencias hay?
4. ¿Gasta Ud. dinero en las máquinas tragaperras? ¿Por qué sí o por qué no? ¿Gasta dinero en una lotería? ¿Por qué sí o por qué no?

Estudio de palabras

Hay muchas palabras en español que comienzan con **es-**. Por lo general en inglés las equivalentes comienzan con *s-*. Las combinaciones inglesas *st-*, *sc-* y *sp-* se convierten en **est-**, **esc-** y **esp-** en español.

¿Sabe Ud. lo que significan estas palabras?

estudio	**estación**
estatua	**estilo**
estado	**estable**
estéril	**estereotipo**

¿Y cómo se dicen estas palabras en español?

stereo	*structure*
scene	*splendor*
stamp	*stupid*
stigma	*spouse*

Es obvio que a veces hay otros cambios (*changes*) en las palabras también. Pero se puede reconocer una palabra desconocida. Por ejemplo, si Ud. no sabe la palabra **escribir**, primero tiene que suponer que se relaciona con una palabra en inglés que comienza con *sc-*. ¿Sabe Ud. qué palabra es? ¿Puede Ud. encontrar las palabras equivalentes en estas dos listas? ¿Qué otras correspondencias (**-oso** = *-ous*, por ejemplo) puede Ud. encontrar?

space	*spy*	esquí	espíritu
scrupulous	*speculate*	espontáneo	estipular
stadium	*spirit*	escrupuloso	escándalo
ski	*sponge*	esclavo	estricto
skeleton	*spontaneous*	espaguetis	escolar
scandal	*stipulate*	especular	espía
slave	*strategy*	esponja	espacio
scholar	*strict*	estrategia	estadio
spaghetti	*strident*	estridente	esqueleto

Estudio de estructura

Recognizing the perfect tenses. The perfect tenses in English are formed with the auxiliary verb *to have* and the past participle.

Present Perfect	*Past Perfect*
I have eaten.	You had eaten.
He has talked.	You had talked.

The perfect tenses in Spanish are formed with the auxiliary verb **haber** (*to have*) plus the past participle (**-ado** or **-ido**). You have already studied the past participle in Units 4 (as an adjective) and 7 (in the passive voice). Here are the forms of **haber** in the present and imperfect tenses.

Present		*Imperfect*	
he	hemos	había	habíamos
has	habéis	habías	habíais
ha	han	había	habían

Can you express these sentences in English? Note that the past participle is invariable in form in the perfect tenses.

1. Juan ya ha comido.
2. He vivido en España.
3. Carlos ya había salido.
4. Habíamos hablado con ellos antes.
5. Ella no ha aceptado el empleo.
6. Ya hemos pagado la cuenta.
7. ¿No has terminado?
8. Ya hemos decidido.
9. ¿Habéis viajado a México?
10. ¿Lo habíais buscado en la tienda?

Now give the proper present tense form of **haber** to complete these sentences.

1. ¿Tú ya _____ comprado el libro?
2. (Nosotros) _____ preparado la lección.
3. Ella no _____ estudiado.
4. Las canciones me _____ encantado.
5. (Yo) _____ vendido la casa.

Now repeat the preceding exercise, this time giving the imperfect tense form of **haber**.

Some common verbs have irregular past participles, but they are not difficult to recognize. Here are some of them.

```
abrir    → abierto
decir    → dicho
escribir → escrito
hacer    → hecho
poner    → puesto
ver      → visto
volver   → vuelto
```

Complete these sentences with any appropriate past participle from the list on the preceding page.

1. Ella decía que no había _____ los ejercicios.
2. Creo que ya ha _____ la carta.
3. Todavía no han _____ de la tienda.
4. ¿Ya has _____ la comida?
5. Ellos no le han _____ la verdad.

Práctica

Repase (*Review*) el **Estudio de palabras** y el **Estudio de estructura**. Luego trate de (*try to*) leer este pasaje sin buscar palabras en el diccionario.

Hemos visto que los supermercados no han tenido tanta aceptación en el mundo hispánico como en los Estados Unidos. Es probablemente porque las ciudades hispánicas han tenido más en cuenta° al peatón.° En muchas ciudades de los Estados Unidos es normal usar el automóvil para ir de compras. En los barrios residenciales se ha insistido en mantener la separación entre las zonas comerciales y las residenciales. Esto ha dado como resultado una gran dependencia del automóvil. Si vamos de compras en auto no queremos ir a muchas tiendas pequeñas. Así hemos inventado el supermercado.

han... have kept more in mind / pedestrian

    La organización de las ciudades hispánicas ha sido distinta. En la planta baja de los edificios de apartamentos han puesto tiendas que venden todo lo necesario° para vivir. Así no es necesario caminar mucho para encontrar lo que se necesita. Como hemos visto, el ir de compras se ha convertido en un acontecimiento° social de importancia. En los Estados Unidos es generalmente una tarea° impersonal. Las personas se encierran° en un auto, van a una tienda grande y pasan por la tienda entre otras personas desconocidas. Cuando ya han hecho las compras, vuelven al auto para ir a casa solas. El contacto humano ha sido mínimo. ¿Qué sistema le interesa más a usted?

todo... everything necessary

event

task / se... shut themselves up

¿Ha entendido Ud. el pasaje? Identifique la nacionalidad de la persona que, según la lectura, ha dicho cada una de las frases siguientes.

1. _____ Hay de todo en mi barrio. No tengo que ir lejos.
2. _____ ¿Necesitas leche? Voy a sacar el carro y te la compro.
3. _____ Me encanta poder comprar todo en un solo edificio.
4. _____ Me gusta más hacer las compras y charlar con los amigos al mismo tiempo.

En directo

Vimos como hacen sus compras Juana y Julia. Claro que hay otras ideas sobre el asunto.° Este artículo, por ejemplo, es de una revista para las amas de casa° y ofrece una explicación de cómo se deben hacer las compras para ser buen comprador(a).

matter / amas... homemakers

Antes de efectuar tus compras es conveniente que programes los menús° familiares para toda la semana y no día a día. De esta forma° evitarás° gastos superfluos y la pérdida° de restos no desechables°...

meals

De... In this way / you'll avoid

loss / restos... usable leftovers

La importancia de los menús

Confecciona° tus menús con criterios nutritivos y económicos. Siempre vas a encontrar en el mercado alimentos° que se venden a precios° razonables con los que puedes lograr° una dieta suficiente, equilibrada° y nutritiva...

Put together

foods / prices

con... with which you can achieve / balanced

Reglas° de buen comprador

Rules

- La mejor inversión° no es la más cara ni la más barata.° Un principio° de buena economía es saber gastar adecuadamente con arreglo° a nuestro bolsillo,° pero comprando bien.

purchase / cheap

principle / con... adjusted

purse

- Compara precios y productos.
- No compres sólo por los regalos ofrecidos (que a veces son simples «pegatinas°»).

come-ons

- Revisa° en las etiquetas° de productos envasados° detalles tan importantes como cantidad, precios, peso,° ingredientes que contienen (mucha atención a los «sucedáneos°»), fecha de caducidad,° etcétera.

Check / labels / packaged

weight

substitutes / expiration

- No todos los «saldos°» son fiables.° Busca lotes° y promociones reales y competitivas (generalmente en grandes supermercados), con la misma cantidad y calidad° de otras marcas,° pero a mitad° de precio.

sales / believable / sale items

quality / brands / half

- Consume productos estacionales.° Siempre los productos y artículos que se encuentran en plena° producción, sobre todo los de cosechas° abundantes, suelen ser° más baratos y más ricos en valor nutritivo...

seasonal

full / crops

suelen... usually are

de *Ama*, enero 1989

Preguntas

1. ¿Cuáles son algunos de los consejos que sugiere (*suggests*) el artículo para la ama de casa?
2. ¿Por qué son importantes los menús para la semana?
3. ¿Sigue Ud. los consejos para el buen comprador? ¿Por qué sí o por qué no? ¿Le parecen buenos los consejos?

Una última ojeada

VOCABULARIO ÚTIL

acolchado	*lined*
el algodón	*cotton*
la cazadora	*jacket*
de fantasía	*fancy*
de punto	*knitted*
devolver (ue)	*to return*
equipar	*to stock up*
la lana	*wool*
liso	*smooth, plain*
la moda	*style, fashion*
el mouflón	*muffler, scarf*
el paño	*cloth*
el pleno invierno	*midwinter*
el punto	*point*
la rebaja	*price cut*

LAS REBAJAS DE El Corte Inglés

ESPECIAL FIN DE MES

Es el momento de equiparnos con la moda de pleno invierno a unos precios que... ¡ni punto de comparación!

PARA LA MUJER

Faldas lisas **3.995**
Vestidos **4.995**
Suéters **2.995**

PARA EL HOMBRE

Camisas de vestir
o de sport,
lisas o de fantasía,
una **2.495**
dos **4.500**

PARA LOS JÓVENES

Para ellos, cazadoras de
algodón acolchadas **4.995**
Para ellas, abrigos en paño
de mouflon de lana **14.995**

PARA LOS NIÑOS

Jerseys y chaquetas
de punto **1.495**

SI NO QUEDA SATISFECHO LE DEVOLVEMOS SU DINERO

Preguntas

1. Con la peseta a 115 al dólar, ¿cómo son estos precios del gran almacén El Corte Inglés?

2. En su opinión, ¿las rebajas generalmente representan una buena oportunidad para comprar? ¿Qué significa el hecho (*fact*) de que el mes de que hablan es enero?

3. ¿Compra Ud. cuando hay rebajas o cuando tiene ganas? ¿Por qué?

El teatro y el cine

Una actuación (per-formance) de teatro en una calle mexi-cana. ¿Ha visto Ud. una actuación en la calle?

¿Trabaja usted como perro (*dog*)? En esta la teatra que sigue, el hombre consigue un trabajo raro.

Estudio preliminar

A.   *Reading strategies:* Just as verb endings help in understanding a sentence because they provide certain information, they also are a key to understanding a paragraph. A paragraph may have a mixture of verb tenses, and you have to pay close attention to them in order to understand completely the meaning of the text. Scan the following paragraph, paying close attention to the tense of each verb and how it relates to the entire paragraph.

Juan *tiene* 25 años. No *tenía* mucho dinero cuando *era* niño pero cuando *tenía* 20 años *ganó* la lotería y por un tiempo *era* rico. *Tiene* una familia grande y *gastó* mucho hasta no *tener* nada. ¿*Creía* usted que Juan *era* rico porque *tenía* un coche nuevo? No *es* nada rico.

B.   Estudie estas palabras y expresiones antes de comenzar a leer.

VERBOS		SUSTANTIVOS	
adivinar	*to guess*	la casilla	*small house;*
agacharse	*to bend over*		*doghouse*
aguantar	*to stand, put up with*	la flor	*flower*
		el patrón	*boss*
apretar (ie)	*to squeeze; to be tight*	la perrera	*kennel*
		el perro	*dog*
besar	*to kiss*	el sereno	*watchman*
contar (ue)	*to tell*	la vacante	*job opening*
gritar	*to shout*		
ladrar	*to bark*	OTRAS PALABRAS Y EXPRESIONES	
llorar	*to cry*		
morder (ue)	*to bite*	alcanzarle (c) a uno	*to be enough (for one)*
pararse	*to stand up*	¡Cómo que no!	*What do you mean, "No"?*
prometer	*to promise*	de repente	*suddenly*
		en cuatro patas	*on all fours*

Usando las palabras de la lista, trate Ud. de adivinar el significado de estas palabras: **el beso, el ladrido, el cuento, repentino.** ¿Hay unos cognados en la lista? ¿unos cognados falsos? ¿Puede Ud. dar el equivalente inglés del proverbio español «Perro ladrador, poco mordedor»?

Introducción

The play you are about to read, ***Historia del hombre que se convirtió en perro,*** is by Osvaldo Dragún (1929–), one of Argentina's better-known playwrights. It is one of three short works first published in 1957 in a book called ***Historias para ser contadas***; keep that title in mind as you read the first line of the play. This work is an excellent example of contemporary sociopolitical theater in Spanish America.

In the play, three actors and an actress tell a story to the audience. They alternately narrate parts of it and act out parts. **Actor 1** is the central character. The **Actriz** plays his wife. **Actor 2** and **Actor 3** first play the kennel director and the veterinarian, then the bosses at the places where **Actor 1** works. Watch the stage directions carefully to know who is talking to whom. The phrase **al público** means *to the audience*.

As you read the play, note in particular the endings for and uses of the past participle (**-ado** and **-ido**).

Historia del hombre que se convirtió en perro

Personajes: ACTRIZ   ACTOR 2
                   ACTOR 1   ACTOR 3

ACTOR 2: Amigos, la tercera historia vamos a contarla así...

ACTOR 3: Así como nos la contaron esta tarde a nosotros.

ACTRIZ: Es la «Historia del hombre que se convirtió en perro».

ACTOR 3: Empezó hace dos años,° en el banco° de una plaza. Allí, señor..., donde usted trataba hoy de adivinar el secreto de una hoja.°   *hace... two years ago / bench*
          leaf

ACTRIZ: Allí donde, extendiendo los brazos, apretamos al mundo por la cabeza y los pies y le decimos: «¡Suena,° acordeón, suena!»   *Play*

ACTOR 2: Allí lo conocimos. (*Entra el* ACTOR 1.) Era... (*lo señala°*) así como lo ven, nada más. Y estaba muy triste.   *lo... he points him out*

ACTRIZ: Fue nuestro amigo. Él buscaba trabajo, y nosotros éramos actores.

ACTOR 3: Él debía mantener a su mujer,° y nosotros éramos actores.   *wife*

ACTOR 2: Él soñaba con° la vida, y despertaba gritando por la noche. Y nosotros éramos actores.   *soñaba... dreamed of*

ACTRIZ: Fue nuestro gran amigo, claro. Así como lo ven... (*Lo señala.*) Nada más.

TODOS: ¡Y estaba muy triste!

ACTOR 3: Pasó el tiempo. El otoño...

ACTOR 2: El verano...

ACTRIZ: El invierno...

ACTOR 3: La primavera...

ACTOR 1: ¡Mentira!° Nunca tuve primavera.   *Lie!*

ACTOR 2: El otoño...

ACTRIZ: El invierno...

ACTOR 3: El verano. Y volvimos. Y fuimos a visitarlo, porque era nuestro amigo.

ACTOR 2: Y preguntamos: «¿Está bien?» Y su mujer nos dijo...

ACTRIZ: No sé.

ACTOR 3: ¿Está mal?

ACTRIZ: No sé.

ACTORES 2 Y 3: ¿Dónde está?

ACTRIZ: En la perrera. (ACTOR 1 *en cuatro patas.*)

ACTORES 2 Y 3: ¡Uhhh!

ACTOR 3: (*Observándolo.*)
Soy el director de la perrera,
y esto me parece fenomenal.
Llegó ladrando como un perro
(requisito° principal);   requirement
y si bien° conserva el traje,°   si... although / suit
es un perro, a no dudar.

ACTOR 2: (*Tartamudeando.°*)   Stuttering
S-s-soy el v-veter-r-inario,
y esto-to-to es c-claro p-para mí.
Aun-que p-parezca un ho-hombre,
es un p-pe-perro el q-que está aquí.

ACTOR 1: (*Al público.*) Y yo, ¿qué les puedo decir? No sé si soy hombre
o perro. Y creo que ni siquiera° ustedes podrán° decírmelo al   ni... not even / will be able
final. Porque todo empezó de la manera más corriente.° Fui a   common
una fábrica° a buscar trabajo. Hacía° tres meses que no conse-   factory / It had been
guía nada, y fui a buscar trabajo.

ACTOR 3: ¿No leyó el letrero? «NO HAY VACANTES»

ACTOR 1: Sí, lo leí. ¿No tiene nada para mí?

ACTOR 3: Si dice «No hay vacantes», no hay.

ACTOR 1: Claro. ¿No tiene nada para mí?

ACTOR 3: ¡Ni para usted ni para el ministro!

ACTOR 1: ¡Ahá! ¿No tiene nada para mí?

ACTOR 3: ¡NO!

ACTOR 1: Tornero°...   Lathe operator

ACTOR 3: ¡NO!

ACTOR 1: Mecánico...

ACTOR 3: ¡NO!

ACTOR 1: S...

ACTOR 3: N...

ACTOR 1: R...

ACTOR 3: N...

ACTOR 1: F...

ACTOR 3: N...

ACTOR 1: ¡Sereno! ¡Sereno! ¡Aunque sea de sereno!

ACTRIZ: (*Como si tocara un clarín.°*) ¡Tutú tu-tu-tú! ¡El patrón!   Como... As if playing a
                                                                             bugle

(*Los* ACTORES 2 Y 3 *hablan por señas.°*)   signs

ACTOR 3: (*Al público.*) El perro del sereno, señores, había muerto la
noche anterior,° luego de° veinticinco años de lealtad.°   before / luego... after / loyalty

ACTOR 2: Era un perro muy viejo.

ACTRIZ: Amén.

ACTOR 2: (*Al* ACTOR 1.) ¿Sabe ladrar?

ACTOR 1: Tornero.

ACTOR 2: ¿Sabe ladrar?

ACTOR 1: Mecánico...

ACTOR 2: ¿Sabe ladrar?

ACTOR 1: Albañil°...   *Bricklayer*

ACTORES 2 Y 3: ¡NO HAY VACANTES!

ACTOR 1: (*Pausa.*) ¡Guau..., guau!...

ACTOR 2: Muy bien, lo felicito°...   *I congratulate*

ACTOR 3: Le asignamos° diez pesos diarios° de sueldo, la casilla y la   *we grant / per day*
comida.

ACTOR 2: Como ven, ganaba diez pesos más que el perro verdadero.

ACTRIZ: Cuando volvió a casa me contó del empleo conseguido.
Estaba borracho.°   *drunk*

ACTOR 1: (*A su mujer.*) Pero me prometieron que apenas un obrero se   *apenas... as soon as a*
jubilara, muriera, o fuera despedido, me darían su puesto.°   *worker retired, died, or*
¡Divertite,* María, divertite! ¡Guau..., guau!... ¡Divertite,   *was fired, they would*
María, divertite!   *give me his job*

ACTORES 2 Y 3: ¡Guau..., guau!... ¡Divertite, María, divertite!

ACTRIZ: Estaba borracho, pobre...

ACTOR 1: Y a la otra° noche empecé a trabajar... (*Se agacha en cuatro   *next*
patas.*)

ACTOR 2: ¿Tan chica le queda la casilla?°   *Tan... Is the doghouse so*
                                                                          small for you?

ACTOR 1: No puedo agacharme tanto.

ACTOR 3: ¿Le aprieta aquí?

ACTOR 1: Sí.

ACTOR 3: Bueno, pero vea, no me diga «sí». Tiene que empezar a acostumbrarse. Dígame: «¡Guau..., guau!...»

ACTOR 2: ¿Le aprieta aquí? (*El* ACTOR 1 *no responde.*) ¿Le aprieta aquí?

ACTOR 1: ¡Guau..., guau!...

ACTOR 2: Y bueno... (*Sale.*)

ACTOR 1: Pero esa noche llovió, y tuve que meterme° en la casilla.   *to get into*

ACTOR 2: (*Al* ACTOR 3.) Ya no le aprieta...

ACTOR 3: Y está en la casilla.

ACTOR 2: (*Al* ACTOR 1.) ¿Vio como uno se acostumbra a todo?

ACTRIZ: Uno se acostumbra a todo...

ACTORES 2 Y 3: Amén...

ACTRIZ: Y él empezó a acostumbrarse.

---

*Divertite (*Have fun*): in Argentina, where the play takes place, there is a commonly used verb
form that takes the place of the **tú** form in standard Spanish. The subject pronoun is **vos** and the
verb form is similar to the standard **vosotros** form.

ACTOR 3: Entonces, cuando vea que alguien entra, me grita: «¡Guau...,
guau!» A ver...

ACTOR 1: (*El* ACTOR 2 *pasa corriendo.*) ¡Guau..., guau!... (*El* ACTOR 2
pasa sigilosamente.°) ¡Guau..., guau!... (*El* ACTOR 2 *pasa*   *stealthily*
agachado.) ¡Guau..., guau..., guau!... (*Sale.*)

ACTOR 3: (*Al* ACTOR 2.) Son diez pesos por día extra en nuestro
presupuesto°...   *budget*

ACTOR 2: ¡Mmm!

ACTOR 3: ...pero la aplicación° que pone el pobre los merece...   *zeal*

ACTOR 2: ¡Mmm!

ACTOR 3: Además, no come más que el muerto°...   *one who died*

ACTOR 2: ¡Mmm!

ACTOR 3: ¡Debemos ayudar a su familia!

ACTOR 2: ¡Mmm! ¡Mmm! ¡Mmm! (*Salen.*)

ACTRIZ: Sin embargo, yo lo veía muy triste, y trataba de consolarlo
cuando él volvía a casa. (*Entra* ACTOR 1.) ¡Hoy vinieron
visitas°!...   *visitors*

ACTOR 1: ¿Sí?

ACTRIZ: Y de los bailes en el club, ¿te acordás?

ACTOR 1: Sí.

ACTRIZ: ¿Cuál era nuestro tango?

ACTOR 1: No sé.

ACTRIZ: ¡Cómo que no! «Percanta que me amuraste°...» (*El* ACTOR 1   Percanta... *"Girl, you*
está en cuatro patas.) Y un día me trajiste un clavel°... (*Lo*   *cornered me"*
mira, y queda horrorizada.) ¿Qué estás haciendo?   *carnation*

ACTOR 1: ¿Qué?

ACTRIZ: Estás en cuatro patas... (*Sale.*)

ACTOR 1: ¡Esto no lo aguanto más! ¡Voy a hablar con el patrón!

(*Entran los* ACTORES 2 Y 3.)

ACTOR 3: Es que no hay otra cosa...

ACTOR 1: Me dijeron que un viejo se murió.

ACTOR 3: Sí, pero estamos de economía.° Espere un tiempo más, ¿eh?   estamos... *we're cutting*
     back

ACTRIZ: Y esperó. Volvió a los tres meses.

ACTOR 1: (*Al* ACTOR 2.) Me dijeron que uno se jubiló°...   se... *retired*

ACTOR 2: Sí, pero pensamos cerrar esa sección. Espere un tiempito° más,   *short while*
¿eh?

ACTRIZ: Y esperó. Volvió a los dos meses.

ACTOR 1: (*Al* ACTOR 3.) Déme el empleo de uno de los que echaron° por   *you threw out*
la huelga...

ACTOR 3: Imposible. Sus puestos quedarán° vacantes...   *will remain*

ACTORES 2 Y 3: ¡Como castigo°! (*Salen.*)   *punishment*

ACTOR 1: Entonces no pude aguantar más... ¡y planté°!   *I quit*

ACTRIZ: ¡Fue nuestra noche más feliz° en mucho tiempo! (*Lo toma del*   *happy*
brazo.) ¿Cómo se llama esta flor?

ACTOR 1: Flor...

ACTRIZ: ¿Y cómo se llama esa estrella°?   star

ACTOR 1: María.

ACTRIZ: (*Ríe.*) ¡María me llamo yo!

ACTOR 1: ¡Ella también..., ella también! (*Le toma una mano y la besa.*)

ACTRIZ: (*Retira° su mano.*) ¡No me muerdas!   She pulls back

ACTOR 1: No te iba a morder... Te iba a besar, María...

ACTRIZ: ¡Ah!, yo creía que me ibas a morder... (*Sale.*)

(*Entran los* ACTORES 2 Y 3.)

ACTOR 2: Por supuesto°...   Por... *Of course*

ACTOR 3: ...y a la mañana siguiente...

ACTORES 2 Y 3: Debió volver a buscar trabajo.

ACTOR 1: Recorrí° varias partes, hasta que en una...   I tried

ACTOR 3: Vea, este°... No tenemos nada. Salvo que°...   uh... / Salvo... *Except that*

ACTOR 1: ¿Qué?

ACTOR 3: Anoche murió el perro del sereno.

ACTOR 2: Tenía treinta y cinco años, el pobre...

ACTORES 2 Y 3: ¡El pobre!...

ACTOR 1: Y tuve que volver a aceptar.

ACTOR 2: Eso sí, le pagábamos quince pesos por día. (*Los* ACTORES 2 Y
3 *dan vueltas.°*) ¡Hmm!... ¡Hmmm!... ¡Hmmm!...   dan... *turn in circles*

ACTORES 2 Y 3: ¡Aceptado! ¡Que sean° quince! (*Salen.*)   ¡Que... *Let it be*

ACTRIZ: (*Entra.*) Claro que cuatrocientos cincuenta pesos no nos
alcanza para pagar el alquiler°...   rent

ACTOR 1: Mirá, como yo tengo la casilla, mudate vos° a una pieza° con   mudate... *you move / room*
cuatro o cinco muchachas más, ¿eh?

ACTRIZ: No hay otra solución. Y como no nos alcanza tampoco° para   either
comer...

ACTOR 1: Mirá, como yo me acostumbré al hueso,° te voy a traer la   yo... *I've gotten used to*
carne a vos, ¿eh?   bones

ACTORES 2 Y 3: (*Entrando.*) ¡El directorio accedió!°   ¡El... *The management
                                                                   agreed!*
ACTOR 1 Y ACTRIZ: El directorio accedió. ¡Loado sea!°   ¡Loado... *Glory be!*

(*Salen los* ACTORES 2 Y 3.)

ACTOR 1: Yo ya me había acostumbrado. La casilla me parecía más
grande. Andar en cuatro patas no era muy diferente de andar
en dos. Con María nos veíamos en la plaza... (*Va hacia ella.*)
Porque vos no podéis entrar en mi casilla; y como yo no
puedo entrar en tu pieza... Hasta que una noche...

ACTRIZ: Paseábamos.° Y de repente me sentí mal...   We were taking a walk.

ACTOR 1: ¿Qué te pasa?

ACTRIZ: Tengo mareos.°   Tengo... *I'm nauseated.*

ACTOR 1: ¿Por qué?

ACTRIZ: (*Llorando.*) Me parece... que voy a tener un hijo...

ACTOR 1: ¿Y por eso llorás?

ACTRIZ: ¡Tengo miedo..., tengo miedo!

ACTOR 1: Pero ¿por qué?

ACTRIZ: ¡Tengo miedo..., tengo miedo! ¡No quiero tener un hijo!

ACTOR 1: ¿Por qué, María? ¿Por qué?

ACTRIZ: Tengo miedo... que sea... (*Musita*° «*perro*». *El* ACTOR 1 *la mira aterrado,*° *y sale corriendo y ladrando. Cae al suelo.*° *Ella se pone en pie.*) ¡Se fue..., se fue corriendo! A veces se paraba, y a veces corría en cuatro patas...

> *She whispers*
> *terrified* / *Cae... She falls to the ground*

ACTOR 1: ¡No es cierto, no me paraba! ¡No podía pararme! ¡Me dolía la cintura° si me paraba! ¡Guau!... Los coches se me venían encima°... La gente me miraba... (*Entran los* ACTORES 2 Y 3.) ¡Váyanse! ¿Nunca vieron un perro?

> *¡Me... My waist hurt*
> *Los... The cars were about to run me over*

ACTOR 2: ¡Está loco! ¡Llamen a un médico! (*Sale.*)

ACTOR 3: ¡Está borracho! ¡Llamen a un policía! (*Sale.*)

ACTRIZ: Después me dijeron que un hombre se apiadó de° él y se le acercó cariñosamente.°

> *se... took pity on*
> *se... approached him affectionately*

ACTOR 2: (*Entra.*) ¿Se siente mal, amigo? No puede quedarse en cuatro patas. ¿Sabe cuántas cosas hermosas° hay para ver, de pie, con los ojos hacia arriba°? A ver párese... Yo le ayudo... Vamos párese...

> *beautiful*
> *hacia... looking up*

ACTOR 1: (*Comienza a pararse, y de repente:*) ¡Guau..., guau!... (*Lo muerde.*) ¡Guau..., guau!... (*Sale.*)

ACTOR 3: (*Entra.*) En fin, que cuando, después de dos años sin verlo, le preguntamos a su mujer. «¿Cómo está?», nos contestó...

ACTRIZ: No sé.

ACTOR 2: ¿Está bien?

ACTRIZ: No sé.

ACTOR 3: ¿Está mal?

ACTRIZ: No sé.

ACTORES 2 Y 3: ¿Dónde está?

ACTRIZ: En la perrera.

ACTOR 3: Y cuando veníamos para acá,° pasó al lado nuestro un boxeador...

> *here*

ACTOR 2: Y nos dijeron que no sabía leer, pero que eso no importaba porque era boxeador.

ACTOR 3: Y pasó un conscripto°...

> *draftee*

ACTRIZ: Y pasó un policía...

ACTOR 2: Y pasaron..., y pasaron..., y pasaron ustedes. Y pensamos que tal vez podría importarles la historia de nuestro amigo...

ACTRIZ: Porque tal vez entre ustedes haya ahora una mujer que piense: «¿No tendré°..., no tendré...?» (*Musita: «perro».*)

> *No... I wonder if I'll have*

ACTOR 3: O alguien a quien le hayan ofrecido el empleo del perro del sereno...

ACTRIZ: Si no es así, nos alegramos.

ACTOR 2: Pero si es así, si entre ustedes hay alguno a quien quieran con-
vertir en perro, como a nuestro amigo, entonces... Pero,
bueno, entonces esa..., ¡ésa es otra historia! (*Telón.°*)   *Curtain.*

Preguntas

A. Haga un resumen de la acción del drama, completando estos párrafos.

Los Actores 2 y 3 conocieron al Actor 1 en _____[1]. El Actor 1 estaba _____[2]
porque no pudo encontrar _____[3]. Buscaba trabajo de (*as a*) _____[4], _____[5] y
_____[6], pero no había _____[7]. Por fin, un patrón le ofreció al Actor 1 el tra-
bajo de _____[8]: _____[9] diarios, _____[10] y _____[11].

El Actor 1 aceptó el trabajo porque le prometieron otro _____[12] pronto.
Empezó a _____[13] a ser perro. En vez de hablar, _____[14]; decía _____[15]. Se
_____[16] en cuatro patas. Se metía en _____[17]. En muchas ocasiones el Actor 1
le pedía otro trabajo al _____[18]. Aun pidió el trabajo de una persona echada
por la _____[19]. Pero nunca hubo otro puesto.

Por fin el Actor 1 decidió que no pudo _____[20] más y plantó (*he quit*).
Pasó una noche _____[21] con su esposa, aunque ella creyó en una ocasión que
le iba a _____[22]. Buscó _____[23] otra vez, pero por fin tuvo que _____[24] otra vez
el trabajo de perro. Pero el sueldo era _____[25], y el Actor 1 y la Actriz tuvieron
que _____[26] en lugares diferentes. Sin embargo, se _____[27] en la plaza. La
Actriz iba a _____[28], pero tenía _____[29] de que el hijo fuera (*would be*)
_____[30].

Al final del drama, el Actor 1 se ha convertido totalmente en _____[31]. No
puede _____[32]; siempre anda en cuatro _____[33]. Siempre dice _____[34]. Vive en
_____[35]. Ahora, los Actores 2 y 3 cuentan la historia del Actor 1 a todas las
personas que pasan por _____[36]; entre ellos, a nosotros.

B. Conteste estas preguntas según el drama.

1. ¿Qué significa cuando el patrón hace ladrar al hombre?
2. ¿Qué significa cuando la esposa le pregunta cómo se llama la flor?
3. ¿Qué significa cuando muerde al hombre que trata de ayudarlo?

C. Conteste estas preguntas personales.

1. ¿Cómo se sintió Ud. cuando leyó la obra? ¿Se sintió triste? ¿Puede Ud.
    imaginarse en esa situación? ¿Qué momentos le parecieron más emocio-
    nantes? ¿Por qué?
2. ¿Tuvo Ud. alguna vez un trabajo que no le gustó? ¿Es más importante la
    dignidad del trabajador o el sueldo? ¿Qué le importa más a Ud.? ¿Es la
    dignidad una característica del trabajo o del trabajador?
3. ¿Cree Ud. que el Actor 1 es víctima del sistema económico? ¿Ud. se sintió
    víctima del sistema en alguna ocasión? ¿Cuál?
4. ¿Cree Ud. que haya otras soluciones al problema del Actor 1? ¿Cuáles
    son? ¿Cree que sea la responsabilidad del gobierno, del individuo o de los
    patrones? ¿Por qué?

Trozos culturales

VOCABULARIO ÚTIL

el abono	*season ticket*
el alba	*dawn*
el aula	*classroom*
calvo	*bald*
la estrella	*star*
el oso	*bear*
la plaza de toros	*bull ring*
pts.	*pesetas* (Spanish unit of currency)
séptimo	*seventh*

Preguntas

1. ¿Cuál de estas obras se llama «The Bald Soprano» en inglés? ¿«The Chairs»? ¿«Waiting for Godot»?
2. ¿Conoce Ud. alguna de las obras? ¿Cuál? ¿Vio una alguna vez (*once*)?
3. ¿Vio Ud. una obra de teatro al aire libre alguna vez? ¿Qué obra? ¿Le gusta la idea de ver una obra que tiene lugar en una plaza de toros?
4. ¿Qué le parece el precio si la peseta está a 115 al dólar? ¿Es semejante (*similar*) a los precios donde Ud. vive? ¿Por qué será tan económico?

Estudio de palabras

Hay un grupo de verbos que terminan en *-fy* en inglés. Estos verbos casi siempre terminan en **-ficar** en español. ¿Qué significan éstos?

magnificar	**clarificar**	**modificar**	**justificar**
notificar	**unificar**	**simplificar**	**pacificar**
intensificar	**personificar**	**electrificar**	**verificar**

¿Cómo se dice en español?

identify	*glorify*	*purify*	*certify*
dignify	*diversify*	*mortify*	*falsify*

Claro, a veces es necesario hacer otros cambios (*changes*). ¿Qué significan estos verbos?

ejemplificar   mistificar   especificar   clasificar

Y también, como siempre, hay excepciones. ¿Qué significa **sacrificar**?

Es importante recordar que todos estos verbos se escriben con **-que** en el subjuntivo y con **-qué** en la primera persona singular del pretérito. ¿Puede Ud. leer estas frases?

1. Simplifiqué la lección para los estudiantes.
2. Espero que notifiques a la familia.
3. Modifiqué el plan esta mañana.
4. Es necesario que identifiquen la forma correcta.
5. Falsifiqué la información.

Estudio de estructura

Recognizing the future tense. The future of all regular verbs in Spanish is formed by adding the following endings to the infinitive: **-é, -ás, -á, -emos, -éis, -án.** Thus, the future forms are **hablaré, comeré, viviré,** and so on.

The future is usually expressed by *will* or *shall* in English.

> Juana **hablará** con el profesor mañana.
>
> *Juana will speak with the professor tomorrow.*

The future, however, has another use, called the *future of probability.* When the sentence deals with present actions, the future verb form may be translated with *probably* or *must.*

> Ustedes **estarán** cansados.
>
> *You must be (are probably) tired.*

When used in a question, the closest English equivalent is *I wonder.* Note that the English equivalent is not a question.

> ¿Qué hora **será**?
> ¿Dónde **estará** María?
>
> *I wonder what time it is.*
> *I wonder where María is.*

Express these sentences in English.

1. Yo te ayudaré con los verbos.
2. No entres. El perro te morderá.
3. Lloverá más en la primavera.
4. No se pare. Todos lo verán.
5. Lo simplificaré.
6. Te acompañaremos hasta la casa.
7. La función empezará a las nueve.
8. ¿Qué significará esa palabra?
9. Esos chicos serán españoles.
10. Necesitaremos mucho dinero para ese viaje.

Some common verbs have slightly irregular forms in the future. Note that the endings are regular, but that the infinitive stem is somewhat modified.

decir:	**diré**	poner:	**pondré**	salir:	**saldré**
hacer:	**haré**	querer:	**querré**	tener:	**tendré**
poder:	**podré**	saber:	**sabré**	venir:	**vendré**

Express these sentences in English.

1. Claro que vendrá el perro. Tendrá mucha hambre.
2. El jefe sabrá resolver el problema y podrá ayudarnos.
3. ¿Qué haremos si el dinero no nos llega? Te lo diré.

Práctica

Repase el **Estudio de palabras** y el **Estudio de estructura**. Luego trate de leer este pasaje sin buscar palabras en el diccionario.

¿**C**uál será el futuro del teatro? ¿Dominarán las diversiones electrónicas? Tradicionalmente una de las funciones del teatro ha sido el identificar los problemas del hombre—problemas individuales, sociales o familiares. Para identificarlos, tiene que delimitar los elementos y a veces tiene que simplificarlos. En la obra que usted leyó, el autor magnificó el problema del desempleo° para intensificar la tragedia humana que a veces olvidamos° al pensar sólo en números abstractos. ¿Tendrá la televisión el mismo efecto? ¿Podrá una imagen electrónica tener la misma intensidad que una obra viva? Parece que la televisión nos separa un poco de la realidad. Pero tiene la ventaja de ser un medio de comunicación más inmediato, más espontáneo al poder tratar los problemas del momento. En cambio, una obra de teatro purifica el problema porque el autor ha podido pensarlo y eliminar los elementos menos importantes. ¿Cuál es mejor?

unemployment
we forget

¿Ha entendido Ud. el pasaje? Indique si las frases son **ciertas** (**C**) o **falsas** (**F**), según la lectura.

1. _____ El teatro tradicionalmente identifica los problemas del ser humano.
2. _____ La obra que usted leyó trataba de un problema familiar.
3. _____ La televisión nos lleva más cerca de la realidad.
4. _____ La espontaneidad de la televisión es una de sus ventajas.
5. _____ Al tener tiempo para pensar sobre un problema el autor puede purificarlo.
6. _____ La imagen electrónica es distinta a la imagen teatral.

En directo

Los videocassettes son muy populares hoy en día. La *Guía de Sevilla* ofrece unas reseñas (*reviews*) de los nuevos de la semana.

VIDEO
NOVEDADES

PEDRO DE FRUTOS

«CASABLANCA»

Drama dirigido por Michael Curtiz en 1943. Con Humphrey Bogart e Ingrid Bergman. USA, 102 minutos. Warner, venta directa. Blanco y negro.

Por fin tenemos acceso a la compra directa de esta mítica producción ganadora de tres Oscar, incluido el guión que, prácticamente, se fue elaborando conforme avanzaba el rodaje. Posiblemente *Casablanca* es la película que más nos ha influido a todos en la historia del séptimo arte, desde su música al comportamiento del personaje central o a la resignación de *Ilsa*. Ambientada durante la segunda guerra mundial en la ciudad marroquí, combina la acción con una romántica y fracasada historia de amor entre el propietario de un local y una mujer casada.

«SUPERDETECTIVE EN HOLLYWOOD»

Comedia dirigida por Tony Scott en 1987. Con Eddie Murphy y Judge Reinhold. CIC, 99 minutos. USA.

Nuevas aventuras del detective *Axel Foley* en un terreno que no le pertenece, Beverly Hills, a donde llega por segunda vez desde las tierras más frías de Chicago. Cuando el jefe de Policía del distrito californiano es abatido a tiros, *Axel* es reclamado por sus compañeros y, juntos, se enfrentarán a una banda internacional de traficantes de armas, entre la acción trepidante y el humor fácil.

«Viernes 13. Terror en casa (II)»

Terror. Dirigida por Timogthy Bondy y Richard Friedman en 1987. Con John D. Le May, Robey y Christopher Wiggins. CIC, 90'. USA.

La saga de «Viernes 13» ha derivado en la factura de nuevos capítulos destinados íntegramente al uso doméstico. Se trata de relatos más cortos que suelen ser muy apreciados en estas épocas del año. Las dos historias que aparecen en esta entrega tienen como protagonistas respectivos a unos guantes de boxeo y a un bisturí.

«Gremlins»

Fantástica. Dirigida por Joe Dante en 1984. Con Zach Galligan y Phoebe Cates. USA, Warner, 102'.

Esta producción de *Steven Spielberg* comienza en Navidad, como si de un cuento se tratase, en el momento que un padre lleva de regalo a su hijo un mogwai, curioso ser al que no se debe mojar, hay que apartarlo de la luz y no darle de comer pasada la medianoche. Naturalmente, por las razones que sean, las obligaciones no se cumplen y lo que es un ser adorable da pie a malvadas criaturas que transforman el film en una comedia de terror o en una terrorífica comedia, según los pareceres de cada cual. Posee momentos antológicos como el gremlin exhibicionista o los glotones que comen palomitas en un cine.

«Hechizo de Luna»

Comedia dirigida por Norman Jewison en 1987. Con Cher y Olympia Dukakis. USA. Metro, 110'.

Sin duda, la mejor comedia de los últimos tiempos y el único film que no quedó empobrecido por el éxito de «El último emperador», ya que consiguió tres Oscar obtenidos por las dos mujeres protagonistas y el mejor guión original. Narra la historia una serie de peripecias que convergen en una familia de inmigrantes italianos en Nueva York catalizados por una viuda que reencuentra la ilusión gracias al hermano de su prometido. Los equívocos y los pequeños deslices conyugales se atribuirán finalmente a una Luna desmesurada y enorme que se enseñoreó de Nueva York aquellos días.

de Diario 16

VOCABULARIO ÚTIL

abatido a tiros	*shot*	el comportamiento	*behavior*
el bisturí	*scalpel*	corto	*short*
catalizado	*caused*	el cuento	*story*

dar pie a	*to create*	mojar	*to get wet*
el desliz	*slip*	la Navidad	*Christmas*
desmesurado	*oversized*	la novedad	*new item*
elaborar	*to create*	las palomitas	*popcorn*
enfrentar	*to confront*	el parecer	*opinion*
enseñorear	*to take over*	la peripecia	*event*
la entrega	*installment*	pertenecer (zc)	*to belong*
el equívoco	*mistake*	poseer (y)	*to possess*
la factura	*production*	reclamado	*backed*
fracasado	*failed*	el relato	*story*
el guión	*screenplay*	el rodaje	*filming*
hay que	*it is necessary*	suelen ser	*usually are*
el hechizo	*bewitchment*	el terreno	*territory*
íntegramente	*wholly*	se tratase	*it were*
malvado	*evil*	trepidante	*fearsome*
marroquí	*Moroccan*	la viuda	*widow*

Preguntas

1. ¿Vio Ud. algunas de estas películas? ¿Las vio en videocassette o en el cine regular? Dé un resumen (*summary*) de una de las que vio.
2. ¿Está Ud. de acuerdo con las reseñas (*reviews*)? ¿Por qué sí o por qué no?
3. ¿Cree Ud. que los vídeos van a terminar con el cine regular? ¿Cuál prefiere Ud.? ¿Cuáles son las ventajas y desventajas de cada uno?
4. Con tantas opciones para la diversión es imposible aprovecharse (*to take advantage*) de todas. Con los compañeros de clase haga una lista de las muchas posibilidades. En su opinión, ¿cuáles tienen futuro seguro y cuáles pueden desaparecer (*disappear*) dentro de algunos años? ¿Están de acuerdo los compañeros?

Una última ojeada

En todo el mundo los críticos hacen clasificaciones de las películas—generalmente con estrellas (*stars*) como símbolo. Aquí siguen unas clasificaciones de los críticos del periódico *Diario 16*.

VOCABULARIO ÚTIL

la amistad	*friendship*
Agárralo	*Grab it*
el guión	*screenplay*
el montaje	*editing*
peligroso	*dangerous*

«LA MOSCA II»

MANOLO MARINERO

Título original: «The Fly II».
Producción: Brooks Films. **Dirección:** Chris Walas. **Guión:** Mick Garris, Jim Wheat, Ken Wheat y Frank Darabont, basado en personajes creados por George Langelaan. **Fotografía:** Robin Vidgeon. **Música:** Christopher Young. **Montaje:** Sean Barton. **Actores:** Eric Stoltz, Daphne Zuniga, Lee Richardson, Harley Cross y John Getz. **Nacionalidad:** EE UU, 1988.

CALIFICACION: ★★

«LAS AMISTADES PELIGROSAS»

CARLOS BOYERO

Título original: «Dangerous liaisons». **Producción:** Norma Heyman y Hank Moonjena (Lorimar, GB, 1988). **Director:** Stephen Frears. **Guión:** Christopher Hampton. **Fotografía:** Philippe Rousselot. **Música:** George Fenton. **Actores:** Glenn Close, John Malkovich, Michelle Pfeiffer, Swoosie Kurtz y Uma Thurman. **Color.**

CALIFICACION: ★★★★

«AGARRALO COMO PUEDAS»

MANOLO MARINERO

Producción: Robert K. Weiss (J. Zucker, J. Abrahams, D. Zucker y Paramount). **Dirección:** David Zucker. **Guión:** Jerry Zucker, Jim Abrahams, David Zucker y Pat Proft. **Fotografía:** Robert Stevens. **Música:** Ira Newborn. **Montaje:** Michael Jablow. **Actores:** Leslie Nielsen, Priscila Presley, Ricardo Montalbán, George Kennedy, Nancy Marchand, Reggie Jackson y O. J. Simpson. **Nacionalidad:** EE UU, 1989.

CALIFICACION: ★

«INSEPARABLES»

CARLOS BOYERO

Título original: «Dead ringers». **Producción:** David Cronenberg y Marc Boyman (Canadá, 1988). **Director:** David Cronenberg. **Guión:** David Cronenberg y Norman Snider. **Fotografía:** Peter Suschitzky. **Música:** Howard Shore. **Actores:** Jeremy Irons, Genevieve Bujold, Heidi von Palleske, Barbara Gordon, Shirley Douglas y Stephen Lack. Color.

CALIFICACION: ★★★

«CONEXION TEQUILA»

FRANCISCO MARINERO

Título original: «Tequila sunrise». **Producción:** Thom Mount (Mount-Warner; EE UU, 1988). **Dirección y guión:** Robert Towne. **Fotografía:** Conrad L. Hall. **Música:** Dave Grusin. **Actores:** Mel Gibson, Michelle Pfeiffer, Kurt Russell, Raúl Julia. **Color.**

CALIFICACION: ★★

«EL TERROR NO TIENE FORMA»

F. M.

Producción: André Blay. **Director:** Chuck Russell. **Guión:** Chuc Russell y Frank Darabont. **Fotografía:** Mark Irwin. **Actores:** Shawnee Smitch, Donovan Leitch, Ricky Paull Goldin y Kevin Dillon. **Nacionalidad:** EE UU, 1988.

CALIFICACION: ●

★★★★ **Excepcional.** ★★★ **Muy buena.** ★★ **Buena.** ★ **Interesante.** ● **Mala.**

Preguntas

1. ¿Conoce Ud. algunas de estas películas? ¿Cuáles?
2. ¿Qué implica (*imply*) el esquema (*system*) de estrellas sobre el uso de la palabra «interesante»?
3. Si Ud. conoce estas películas, ¿está Ud. de acuerdo (*do you agree*) con las clasificaciones de estos críticos? ¿Por qué sí o por qué no?
4. ¿Sigue Ud. las clasificaciones de los críticos de cine? ¿Cuáles lee? Si no, ¿por qué?
5. ¿Qué clasificación daría (*would you give*) a algunas películas (o programas de televisión) recientes? (**Yo daría...**) Explique sus opiniones. ¿Están de acuerdo los compañeros de clase?

10 La tecnología moderna

Una central nuclear de energía eléctrica en México. ¿Cree Ud. que la energía nuclear es demasiado peligrosa?

© PETER MENZEL

La invasión de las computadoras es un fenómeno internacional. ¿Ud. se siente cómodo/a con la nueva tecnología?

Estudio preliminar

A. *Reading strategies:* When you read you normally bring to that activity a certain amount of prior knowledge of the topic. You may know more or less about any given theme, but you almost always know something. In preparing to read, it can be helpful to think for a bit about the specific topic and what you already know about it. In the classroom situation, it is often useful for you to discuss with your classmates any knowledge or previous experience you have had based on the subject. The following reading is about several areas of modern technology. What do you know about the following areas: computer use and abuse? computers in the Third World? satellite telecommunication? advances in television technology? Consider these topics with your classmates before you begin to read.

B. Estudie estas palabras y expresiones antes de comenzar a leer.

VERBOS

estimar	*to estimate*
proporcionar	*to provide*
utilizar (c)	*to utilize, use*

SUSTANTIVOS

el avance	*advance*
el desarrollo	*development*
la empresa	*business enterprise, firm*
el equipo	*system; equipment*
la fabricación	*manufacture*
el/la fabricante	*manufacturer*
la informática	*data processing*
el manejo	*operation* (of a machine, etc.)
el/la usuario/a	*user*

ADJETIVOS

cualquier(a)	*any*
desarrollado	*developed*
diverso	*various, diverse*
manejable	*manageable*
portátil	*portable*

OTRAS PALABRAS Y EXPRESIONES

cada vez más	*more and more*

En la lista hay tres pares de palabras relacionadas. ¿Puede Ud. encontrarlas?

Aquí siguen selecciones de unos artículos sobre el desarrollo de la tecnología moderna en el mundo hispánico. Muestran que los hispánicos también persiguen° los avances tecnológicos como lo hace el resto del mundo. Como se verá,° aun los países pobres de Hispanoamérica pueden participar en la revolución informática y compartir otros avances de fines del siglo XX.° Las dos primeras selecciones son de la revista latinoamericana *Visión*. La tercera es del periódico de Madrid, *El País*.

pursue

Como... *As you will see,*

fines... *end of the 20th century*

© STUART COHEN/COMSTOCK

Clase de computadoras, en la ciudad de México. Para estos estudiantes su experiencia con las computadoras puede serles tan importante para su futuro como la elección de su curso general de estudios. Van a tener que demostrar cierta facilidad con esta tecnología para conseguir muchos de los trabajos más deseables.

Costos menores y mayor eficiencia

Hoy en día los avanzados sistemas de manejo electrónico de una empresa, que hasta hace algunos años° se consideraban privativos° de países desarrollados como los Estados Unidos, Japón o ciertas naciones europeas, ya están al alcance° de cualquier compañía, según estiman diversos especialistas en el campo de la computación.

Para ello° mencionan, entre otras, las siguientes razones: el costo de las máquinas ha descendido° considerablemente en los últimos años; cada día hay más información acerca de° la forma en que se deben utilizar; además, las posibilidades que ofrecen, su adaptabilidad a las necesidades de cualquier empresa y sobre todo,° su manejo cada vez más fácil, no solamente por expertos, sino por personas que poco saben acerca de la computación y la informática.

El uso de sistemas de computación en México ha registrado una aceptación prácticamente explosiva en los últimos años, y todo indica que esta tendencia irá en aumento°...

Estrategias ante la crisis

A pesar de los años de crisis que ha sufrido el país, la industria de la electrónica, principalmente en el área de la computación, mantiene un ritmo de crecimiento sobresaliente, por lo cual se perfila° como un sector de apoyo° a la economía del país, tan importante como lo son la petroquímica y el acero,° según consideran algunos especialistas...

«...Nuestros planes de producción para este año contemplan° la fabricación de 40 mil toneladas° de calculadoras, de las cuales° esperamos exportar

hace... *a few years ago* / *exclusive*

al... *within reach*

it

ha... *has gone down*

acerca... *about*

sobre... *above all*

irá... *will increase*

un... *an excellent growth rate, because of which it is seen* / *support* *steel*

envision

tons / de... *of which*

© MARK ANTMAN/THE IMAGE WORKS

Sección de ordenadores de un gran almacén de Madrid. Los letreros mencionan algunos de los muchos usos de los ordenadores. ¿Entiende Ud. algunos de ellos?

17 mil a los Estados Unidos, en una primera operación—dijo a *Visión* Felipe Ramos, vicepresidente de Digita Víctor—. También planeamos producir unas mil unidades de cajas registradoras.° En cuanto a° computadoras, se estima una producción de 700 a mil equipos Digita Víctor, y unos 1.250 para NCR, de los cuales esperamos exportar un 30 por ciento a países de Latinoamérica...»

cajas... *cash registers* / En... *As far as . . . are concerned*

La red° de satélites de Inmarsat proporciona comunicaciones continuas a los móviles°

network

moving receivers

Una organización internacional, de la cual España es miembro fundador a través de su signatario° Telefónica,° está produciendo una revolución en las comunicaciones por satélite. Tradicionalmente los satélites se han utilizado como enlaces° entre dos puntos fijos.° El sistema Inmarsat, el único° que cubre° toda la Tierra por el momento, ha sido diseñado° para hacer posibles las comunicaciones desde vehículos móviles en cualquier punto del planeta...

representative / Spanish Telephone Co.

connections / fixed / el... the only one / covers ha... has been designed

Hay varios fabricantes que ofrecen versiones portátiles [del equipo de recepción] que se pueden llevar en dos maletas.° En la pasada° expedición catalana° al Everest (K-2) se utilizó uno de estos sistemas portátiles, donde demostró° su efectividad al ayudar a salvar° la vida de dos alpinistas° italianos que pertenecían° a otra expedición.

suitcases / last

Catalonian (northeast region of Spain) it demonstrated / saved / mountain climbers belonged

La mejora° más evidente para los pasajeros° (de avión°) con las comunicaciones por satélite será° la posibilidad de hacer llamadas telefónicas en cualquier momento del vuelo° a cualquier país del mundo, conectar con cualquier base de datos o computadora... El personal° de vuelo será capaz° de reservar hoteles, coches de alquiler° y arreglar trámites° de inmigración...

improvement / passengers / airplane
will be

flight

personnel / capable

coches... rental cars / arreglar... solve problems

Las aplicaciones para [transmitir] mensajes° escritos° [con un equipo] digital, pequeño y manejable, son innumerables...   *messages / written*

Yates.° Significa la oficina flotante° hecha° realidad en cualquier lugar del mundo.   *Yachts / floating / made*

Personas. Un maletín° equipado° con un ordenador° portátil, un equipo [de transmisión] y un tipo de antena totalmente plana° disimulada° en la tapa° del maletín, permitirá a periodistas, diplomáticos o cualquier otro profesional, en cualquier lugar apartado° del planeta, comunicar con la computadora de la oficina y enviar° un mensaje...   *small bag / equipped / computer / flat / hidden / top / isolated / send*

Camiones.° Tener información del paradero° de cada uno de los camiones de una flota° permitiría° la toma° de decisiones ante cambios imprevistos° de última hora... Con una pequeña computadora a bordo° se podría informar continuamente de las constantes° del camión: estado de engrase° del motor, nivel de aceite,° velocidad,° estado de los frenos,° revisiones pendientes,° temperatura de la cámara° en los camiones frigoríficos.° De esta manera sería posible informar al camionero° de cualquier problema detectado°...   *Trucks / whereabouts / fleet / would allow / making / unforeseen / a... aboard / conditions / lubrication / nivel... oil level / speed / brakes / revisiones... pending service / compartment / refrigerator / truck driver / discovered*

Preguntas

A. Conteste según la lectura.

1. ¿Qué sistemas están al alcance de cualquier compañía hoy día?
2. ¿Cuáles son algunas razones por el cambio en esta situación?
3. ¿Qué pasó en los últimos años en México con los sistemas?
4. ¿Cuál fue la reacción de la industria electrónica a la crisis económica de México?
5. ¿Qué va a pasar con el 30% (por ciento) de las computadoras producidas por Digita Víctor?
6. ¿Qué avance proporciona Inmarsat?
7. ¿Cuáles son algunas ventajas que ofrece el sistema Inmarsat a los pasajeros de un avión?
8. ¿Cuáles son algunos usos de este sistema para los camiones?

B. Conteste estas preguntas personales.

1. ¿Sabe Ud. algo del manejo de las computadoras? ¿Qué contacto tiene con computadoras? ¿Piensa aprender algo (o más) sobre ellas?
2. ¿Cuál es su reacción personal a la invasión de las computadoras en el mundo moderno? ¿Cuáles son algunos de los resultados? ¿Cuáles va a tener en el futuro?
3. ¿Cree Ud. que hay peligros en la tecnología moderna? ¿Por qué sí o por qué no?
4. ¿La carrera de Ud. va a incluir mucha tecnología? ¿Cuáles son algunos trabajos que incluyen la necesidad de saber algo sobre la tecnología? ¿Hay algunas que no lo requieren?
5. En su opinión, ¿cuáles son los aspectos más positivos y más negativos de la tecnología?

Trozos culturales

VOCABULARIO ÚTIL

a través de	*through*	evitar	*to avoid*
el anticipo	*foretaste*	la frecuencia de	*renewal*
aportar	*to contribute*	exploración	*frequency*
auxiliar	*external aid*	la nitidez	*sharpness*
el brillo	*brightness*	el paro de	*still frame*
el contorno	*outline*	imagen	
duplicarse (qu)	*to be doubled*	el parpadeo	*blinking*
ello	*it*	la pulgada	*inch*
el enfoque	*focus*	suponer	*to be based on*

EL ULTIMO AVANCE TECNOLOGICO EN TELEVISION

Sony se anticipa al futuro, una vez más, con el nuevo Black Trinitron FX 29 TE. Incorporando un nuevo y exclusivo avance tecnológico que supone un nuevo concepto televisivo, más allá de la recepción digital: el **"Extended Definition"**.

A través de la función **"Flicker Free"**, la frecuencia de exploración en la pantalla se duplica hasta conseguir una imagen perfecta. Un sistema único en el mundo que evita el parpadeo de imagen característico de los televisores convencionales.

El FX 29 TE elimina las distorsiones en el color por medio de la **"Digital Noise Reduction"**, garantiza la total precisión de contornos en los caracteres y el enfoque perfecto en cada punto de la pantalla. Con la riqueza de contraste, brillo y nitidez que aporta su **pantalla negra**.

Todo ello con la posibilidad de un paro de imagen digital sin necesidad de video o técnica auxiliar alguna.

Así es el nuevo **FX 29 TE**. La máxima calidad de imagen en televisión. Un anticipo de futuro, en 29 pulgadas, que hoy ya es realidad gracias a Sony.

Preguntas   1.   ¿Tiene Ud. un televisor avanzado (*advanced*)? ¿Quiere uno? ¿Cuál es el avance más reciente en los televisores en los EE.UU.? En su opinión, ¿cuál va a ser el próximo (*next one*)?

2.   Los avances en la televisión ocurren generalmente en los EE.UU. primero. ¿Por qué?

3.   ¿Por qué usan tanto inglés en un anuncio en un periódico español para un televisor japonés? ¿Es inglés «Trinitron»?

Estudio de palabras

Hay en inglés muchos verbos que terminan en *-ize* (o, a veces, en *-ise* o en *-yse*). En español estos verbos terminan en **-izar**. ¿Qué significan éstos?

generalizar	organizar	analizar	formalizar	visualizar
idealizar	paralizar	industrializar	utilizar	familiarizar

¿Cómo se dice en español?

dramatize	*personalize*	*tranquilize*	*legalize*	*socialize*
civilize	*Americanize*	*humanize*	*popularize*	*economize*

Claro, a veces es necesario hacer otros cambios. ¿Qué significan los siguientes verbos?

autorizar	esterilizar	especializarse	nacionalizar
alfabetizar	caracterizar	sistematizar	desmovilizar

Siguiendo el modelo de los verbos anteriores, ¿puede Ud. traducir éstos al español?

scandalize	*rationalize*	*theorize*
demoralize	*stabilize*	*symbolize*

Como la **-z-** en español no se usa con **-e**, todos estos verbos terminan en **-ce** en el presente del subjuntivo y en **-cé** en la primera persona singular del pretérito. ¿Puede Ud. leer estas frases?

1.   Autoricé dos visitas a la empresa.
2.   Espero que Uds. organicen otra fiesta.
3.   Ojalá que legalicen esta nueva medicina.
4.   Es necesario que utilicen el equipo nuevo.
5.   Me familiaricé con el sistema.

Estudio de estructura

Recognizing the conditional. The conditional is very similar to the future, which you studied in the last unit of this reader. It is formed by adding the following endings to the infinitive of regular verbs: **-ía, -ías, -ía, -íamos, -íais, -ían.** Thus, the conditional forms are **hablaría, comería, viviría,** and so on. The conditional is usually expressed by *would* in English.

Me **gustaría** ir al cine.   *I would like to go to the movies.*

As with the future, there is also a conditional of probability when the meaning of the sentence is in the past.

Ellos **estarían** muy cansados.   *They must have been very tired.*
¿Qué hora **sería** cuando   *I wonder what time it was when salieron?*   *they left.*

Express these sentences in English.

1. ¿Cómo utilizaría Ud. la informática?
2. Costaría mucho viajar a la Argentina, pero es manejable.
3. Serían las ocho cuando llegaron.
4. Comería más, pero no puedo.
5. Iría a ver al médico, pero no tengo confianza en él.
6. ¿Dónde estaría él cuando lo necesitábamos?
7. ¿Quién aceptaría esa tecnología?
8. ¿A quién llamarías en caso de emergencia?
9. ¿Cuál sería el nombre de esa empresa?
10. ¿Fabricarían Uds. un robot?

Verbs that have irregular stems in the future have the same irregularity in the conditional: **diría, haría, podría, pondría, querría, sabría, saldría, tendría, vendría.**

Express these sentences in English.

1. Yo tendría miedo de ir a ese hospital. ¿Querría Ud. quedarse allí?
2. Juan dijo que vendría a visitarme y que saldría a las cinco.
3. No sé qué haría con un millón de pesos.
4. ¿Te dirían la verdad?
5. Espero que no me lo pregunte. Yo no sabría contestar.

Práctica   Repase el **Estudio de palabras** y el **Estudio de estructura.** Luego trate de leer este pasaje sin buscar palabras en el diccionario.

¿**V**amos a robotizar el mundo? Se utilizan cada vez más los robots en la industria. Pero cometeríamos un error si pensáramos en máquinas humanoides como las que populariza el cine moderno. Los robots industriales son máquinas especializadas capaces° de hacer tareas cada vez más complica-   *capable*

das y hacerlas sin quejarse y sin declararse de huelga.° También permiten la   *de... on strike*
«reprogramación» para hacer tareas diversas.

Por otro lado se estudia el desarrollo de robots que ayudan al usuario pa-
ralítico. Pero ninguno se parece en nada° al ser humano. El cuerpo° humano es   *en... at all / body*
una máquina fenomenalmente complicada. ¿Para qué gastar tiempo en la construcción de un C3PO? Su fabricación sólo traería muchas dificultades y no
sería muy útil. Los robots humanoides simbolizan el futuro, pero probablemente son sólo eso: símbolos literarios que sirven para dramatizar las posibilidades de la tecnología.

Está claro que podríamos fabricar robots más humanizados y más amisto-
sos°—por ejemplo, los que responden a la voz° humana. («Tráeme una cer-   *friendly / voice*
veza, BA3.» ¿Tráigame...? ¿Usaríamos **tú** o **usted**?) Pero es probable que los
verdaderos robots del futuro sean máquinas programadas para hacer tareas
complicadas con cada vez menos intervención humana. ¿Tendría usted interés
en tales robots o cree que sería más civilizado tener robots humanoides?

¿Ha entendido Ud. el pasaje? Indique si las frases son **ciertas** (**C**) o **falsas** (**F**),
según la lectura.

1. _____ Los robots se usan mucho en la industria.
2. _____ La mayoría de los robots se parecen a C3PO.
3. _____ Los robots humanoides son los robots del futuro.
4. _____ Es posible hacer robots más fáciles de manejar.
5. _____ Algunos robots responden a la voz humana.

En directo

VOCABULARIO ÚTIL

al día	*up to date*	embarcar (qu)	*to ship*
alcanzar (c)	*to reach*	encargado de	*charged with*
la amenaza	*threat*	la madurez	*maturity*
el arca	*ark*	la pareja	*couple, male*
el bosque	*forest*		*and female*
el conocimiento	*knowledge*	la renta	*income*
el crecimiento	*growth*	la sabana	*savannah, plain*
desencadenar	*to release*		

Preguntas   1. Estudie el anuncio de la página siguiente. ¿Qué tipo de información puede
uno encontrar sobre los individuos en los bancos de datos de los ordenadores? ¿Cómo se puede remediar (*remedy*) esta situación?

2. ¿Cuáles son los últimos avances en el campo de la genética? ¿Qué peligros
hay en ese campo de la biología?

LAS AMENAZAS DE LA INFORMATICA

Con la irrupción de las nuevas tecnologías, y en particular con las bases de datos,
todos estamos indefensos ante la violación de nuestra información de, por ejemplo, tarjetas de crédito,
declaración de la renta o datos de la Seguridad Social. Los piratas informáticos
pueden llegar hasta desencadenar una guerra nuclear.

Y EN CONOCER DE ENERO TAMBIEN:

¿UNA NUEVA "ARCA DE NOE"?
Noe embarcó en su arca parejas
de animales. Edward Bass, en la suya,
"Diosfera II," va a embarcar climas enteros,
un océano, un bosque, una sabana
y 2300 especies vivas, entre ellas 8 hombres
y mujeres.

CAJAL SIGUE VIGENTE.
Cien años después de la formulación
por Santiago Ramón y Cajal
de su teoría neuronal, ésta sigue
constituyendo uno de los pilares
fundamentales de la neurobiología
moderna.

EL CANCER, UNA GUERRA DE GENES.
Existen genes aceleradores del
crecimiento de las células, "genes del
cáncer," y "genes anticáncer" encargados
de detener este proceso. El combate
entre ellos puede ser el factor determinante
del desarrollo de un tumor.

¿HAY MAS PLANETAS COMO LA TIERRA?
El satélite IRAS ha proporcionado datos
sobre un enorme sistema planetario
en formación que alcanzará su madurez
dentro de unos pocos miles de millones
de años.

**YA ESTA EN SU QUIOSCO
EL N.º DE ENERO.**

CFBR

Ponga al día sus conocimientos. Lea

3. ¿Cree Ud. que existen otros planetas poblados (*populated*) como la
   Tierra? ¿Por qué? Si los hay, ¿por qué no nos comunicamos con ellos? ¿o
   ellos con nosotros?
4. ¿Cree Ud. que es posible o deseable detener los avances científicos? ¿Por
   qué sí o por qué no?

Una última ojeada

FUJITSU ESPAÑA

Primer Fabricante de Ordenadores en Japón

Con la gama de productos más amplia y potente del sector informático.

Tres Centros de I+D dedicados a la investigación y creación de nuevos productos.

Un Centro de fabricación en la provincia de Málaga, con una producción destinada al mercado informático mundial.

Más de 300 ingenieros, 17 Delegaciones, 33 Centros de Servicio Técnico y una extensa red de concesionarios y distribución.

VOCABULARIO ÚTIL

amplio	*ample, wide*
el/la concesionario/a	*licensee*
la gama	*line, range* (of products)
I + D (Investigación y Desarrollo)	*Research and Development*
mundial	*worldwide*
el ordenador	*computer*
potente	*powerful*
la red	*network*

Preguntas

1. ¿Le parece a Ud. que los japoneses tienen la misma presencia en Europa que en los EE.UU.? ¿Por qué son tan importantes en el campo de la informática? ¿Cree Ud. que va a cambiar esta situación? ¿Por qué sí o por qué no?

2. ¿Le interesaría un puesto con la compañía Fujitsu España? ¿Por qué sí o por qué no? ¿Le gustaría trabajar en España o en Hispanoamérica? ¿Cuáles serían los problemas con un trabajo en el extranjero (*abroad*)?

11 La salud

Un laboratorio de cocaína cerca de Bogotá, Colombia

© GONZALEZ/AP

Las drogas ilícitas representan un problema grave en todo el mundo moderno.

Estudio preliminar

A. *Reading strategies:* Sometimes when you read you only want to acquire certain information rather than a great deal of detail about the topic. This involves scanning the material and searching for key words rather than reading every word. Subheadings, where present, will also help lead you to the specific topic. Before you begin to actually read the following articles, scan them to discover what they say about **legalización** or **despenalización** of drugs. Scan the reading until you come to one of these key words; then read that section carefully.

B. Estudie estas palabras y expresiones antes de comenzar a leer.

VERBOS

desaparecer (zc)	*to disappear*
reducir (zc)	*to reduce, diminish*

ADJETIVOS

cardíaco	*heart, cardiac*
embarazada	*pregnant*
incluso	*even, including*
sanguíneo	*blood*
semejante	*similar*

SUSTANTIVOS

el cero	*zero*
el consumo	*consumption*
el convenio	*agreement*
el estupefaciente	*narcotic*
la medida	*measure*
el/la narcotraficante	*drug dealer*
la ONU (Organización de las Naciones Unidas)	*United Nations*
la sanidad	*health; sanitation*

L a lucha contra el abuso de las drogas es un tema° casi universal. Aquí vemos dos artículos del periódico español *El País* sobre la actitud española y la norteamericana con respecto al asunto.°*

theme

con... with respect to the matter

---

*En la primera selección algunos nombres se escriben de un modo (*way*) diferente. Vigo está en Galicia y a veces los nombres aparecen en el idioma gallego (*Galician*) de esa región. Por ejemplo, se escribe José con **x** en vez de **j**.

La información y la prevención, medios más eficaces° contra la droga, según expertos

efficient

La información y las medidas preventivas pueden resultar incluso más importantes que las curativas para solucionar los problemas derivados del consumo de estupefacientes. En esta afirmación° estuvieron de acuerdo la mayoría de los 300 especialistas españoles y extranjeros que durante cuatro días asistieron en Vigo al Primer Simposio° Internacional sobre Prevención del Consumo de Drogas, organizado por la Consejería° de Sanidad de la Xunta° de Galicia...

statement

Conference

Council / regional government

El simposio contó con° la participación de expertos de la Interpol, la ONU y la Organización Mundial de la Salud (OMS), así como educadores y representantes de los servicios de salud del Gobierno vasco.° El director de la división de estupefacientes de la ONU, el español Francisco Ramos Galino, anunció que el 25 de diciembre próximo será sometido° a debate el texto de un nuevo convenio internacional contra el tráfico ilícito de estupefacientes y psicotrópicos.° A esta conferencia, que se celebrará° en Viena, asistirán representantes de unos 100 países.

contó... enjoyed

Basque

será... will be presented

mind-altering drugs / se... will take place

El nuevo convenio prevé° la confiscación de bienes° procedentes° del tráfico ilícito, la extradición de los narcotraficantes a los países donde existan mayores pruebas en su contra° y la posibilidad de poder trasladar° testigos° para que declaren° ante tribunales° fuera del país donde residen. Santiago Torres, jefe del gabinete° técnico de la delegación del Gobierno para el Plan nacional sobre drogas, aseguró° que la próxima convención internacional de estupefacientes estudiará la posibilidad de adoptar medidas contra los países que incumplan° las disposiciones para reducir el impacto del tráfico de drogas.

looks to / goods / acquired

pruebas... proof against them / to transfer / witnesses
testify / courts
office
confirmed

fail to comply with

Represión policial

El comisario° jefe del servicio central de estupefacientes de España, Florentino Gómez Mesa, abogó° por una mayor represión y persecución, como mecanismo para solucionar los problemas derivados del narcotráfico, y rechazó° la posibilidad de legalizar la droga porque, dijo, «a mayor disponibilidad° de cualquier tipo de producto en la calle o en el mercado, el consumo es mayor».

commissioner

advocated

rejected

availability

Por el contrario,° Carl Leukefeld, jefe del servicio del Instituto Nacional sobre el Abuso de Drogas, de Estados Unidos, insistió en el papel fundamental de la información para luchar contra la extensión del consumo de cocaína y *crack*, sustancias tan peligrosas° como la heroína, y destacó° la importante función que debe cumplir° la educación en el entorno° familiar. En este aspecto insistió también J. Branckaerts, de la oficina regional para Europa de la OMS.

Por... On the other hand

dangerous / singled out
fulfill / setting

Tolerancia cero

La Administración de Reagan ha bautizado° su nueva campaña° contra la droga con el lema° de tolerancia cero, y ha empezado a practicarla incluso antes de la promulgación° de la ley. Las primeras víctimas han sido incautos° ejecutivos° que se han aventurado° en el mar, durante un fin de semana, a bordo° de su yate, llevándose consigo° algo de cocaína o algunos cigarrillos de

ha... has baptized / campaign
slogan
passing / careless
executives / ventured
a... aboard / llevándose... carrying along with them

marihuana y que, tras ser descubiertos por la policía, han visto confiscado su barco° por las autoridades.   *boat*

El mayor mercado

La tolerancia cero responde a una hipótesis muy simple: Estados Unidos es el mayor mercado del mundo de estupefacientes; se calcula° que casi un 60% de toda la cocaína que se produce se consume en Norteamérica. Reducir la demanda, por consiguiente,° supondría° una de las maneras más efectivas de luchar contra el tráfico de drogas...

se... it is calculated

por... therefore / would be

Además de los efectos psicológicos, las muertes relacionadas con el consumo de cocaína y *crack* están aumentando de una manera alarmante. Los médicos aseguran° que el ritmo cardíaco aumenta entre un 30% y un 50%, y a menudo° se vuelve° crónicamente irregular, lo que puede desarrollar° lesiones cardíacas y, finalmente, ataques al corazón. La presión sanguínea también aumenta en un 15% sobre la normal, con lo que existe riesgo de embolias° cerebrales. Además, entre las mujeres embarazadas, la contracción de los vasos° sanguíneos afecta directamente al feto° privándole° de riego° y abriendo la posibilidad de deformaciones en el niño...

confirm

a... frequently / se... it becomes / develop

blood clots

vessels / fetus / depriving it / blood circulation

El auge° del crack

peak

En 1980, un millón de norteamericanos habían probado la cocaína. Siete años más tarde, se calcula que son 12 millones, y la mayoría de ellos, consumidores de *crack*. La droga ya no afecta tan sólo° a los guetos° de las grandes ciudades, a la población marginal, a la franja° más pobre de la sociedad, sino que se ha introducido entre la clase media y está invadiendo la «América profunda°», las grandes zonas rurales del Medio Oeste norteamericano. Este sombrío° retrato° de una sociedad trufada° de narcóticos es el que planea° sobre el imperio de Occidente° en un año electoral...

tan... only / ghettos

edge

deep

somber / portrait

stuffed / hovers / imperio... Western empire

Algunos, sin embargo, piensan que hay otro sistema para hacer desaparecer los beneficios y el poder de las grandes mafias narcotraficantes... [Es] la despenalización° de las drogas. Si se despenaliza la droga, el negocio ilegal de los traficantes desaparecerá...

decriminalization

La actitud de los jóvenes [de hoy] con respecto a la droga ha cambiado radicalmente. Ahora ya no está bien visto° en las escuelas y universidades, la presión que hace unos años ejercían° quienes° consumían estupefacientes contra los que se negaban a ello° se ha vuelto a la inversa,° según todas las encuestas°...

ya... it's frowned upon

exercised / those who

se... refused it / se... has become the reverse
surveys

Preguntas

A. Conteste según la lectura.

1. ¿Cuáles son las medidas más efectivas contra el abuso de drogas, según los expertos en la reunión en España?
2. ¿De dónde vinieron los expertos?

3. ¿Qué se va a celebrar en Viena y qué será sometido (*will be subjected*) a debate?
4. ¿Cuáles son algunas de las medidas del nuevo convenio?
5. ¿Qué medidas sugiere Florentino Gómez para reducir el consumo de drogas y qué idea rechaza?
6. ¿Qué propuso (*proposed*) el experto de los Estados Unidos en la reunión española?
7. ¿Qué significa en general «tolerancia cero» y quiénes fueron las primeras víctimas de la nueva ley?
8. ¿Cuáles son los riesgos para la salud que resultan del consumo de la cocaína y el *crack*?
9. ¿Qué medida proponen algunos para hacer desaparecer el problema? ¿Qué efecto tendría este remedio en los narcotraficantes?
10. Según el artículo, ¿cómo ha cambiado últimamente (*lately*) la actitud de los jóvenes hacia el uso de drogas ilícitas?

B.   Conteste estas preguntas personales.

1. ¿Está Ud. de acuerdo con los expertos citados (*cited*) en estos artículos? ¿Por qué sí o por qué no?
2. En su opinión, ¿quiénes deben encargarse (*be in charge*) de la campaña contra las drogas: ¿la ONU? ¿el gobierno federal o local? ¿las escuelas? ¿los padres?
3. Haga Ud. una lista de las medidas más efectivas, en su opinión, para reducir el abuso de drogas. Ponga las medidas en su orden de importancia. Compare la lista con las de sus compañeros de clase. ¿Todos están más o menos de acuerdo o hay diferencias profundas entre los estudiantes?
4. ¿Qué cree Ud. que sería el resultado de la despenalización de las drogas menores? ¿Produciría más o menos usuarios?
5. ¿Su experiencia está de acuerdo con lo que dice el último párrafo (*paragraph*)? ¿Por qué ocurre o por qué no ocurre esta clase de presión (*pressure*), en su opinión? ¿Qué cambios sociales producen cambios de actitud de ese tipo?

Trozos culturales

VOCABULARIO ÚTIL

ctra. (carretera)	*highway*
el chalet	*house*
mediterráneo	*Mediterranean*
el/la toxicómano/a	*drug addict*
la urbanización	*subdivision*

Preguntas   1.   ¿Suena (*sound*) el nombre de la organización como el de una semejante en
los EE.UU.? ¿Cuál es?
2.   ¿Cree Ud. que funcionaría bien una organización así? ¿Por qué sí o por
qué no? ¿Funciona para los alcohólicos?
3.   ¿Cree Ud. que el alcohol es una droga como las otras—la cocaína, el
hachís, etcétera? ¿Cómo es semejante y cómo es diferente? ¿Es igual también la nicotina?

Estudio de palabras

Aquí hay un repaso de algunos de los grupos importantes de cognados que se
han presentado en este texto.

ESPAÑOL		INGLÉS	
-ción	dirección	-tion	direction
-ar	indicar	-ate	indicate
-dad	facilidad	-ty	facility
-cia	tendencia	-cy	tendency
-cia	violencia	-ce	violence
-ante	brillante	-ant	brilliant
-ente	evidente	-ent	evident
-oso	famoso	-ous	famous
est-, esp-, esc-	estable	st-, sp-, sc-	stable
-ficar	identificar	-fy	identify
-izar	organizar	-ize	organize

¿Qué significan estas palabras?

modificar	existencia	realidad	función	dedicar
escandalizar	abundante	vigoroso	intensidad	apreciar
claridad	clarificar	clarificación	especial	especialidad
estación	cliente	crear	estático	escolar

¿Y éstas? Tienen otras pequeñas diferencias entre el inglés y el equivalente en
español.

esquí	espacio	farmacia	ejecución	estructura
frecuencia	misión	misterioso	ilusión	confesión

Estudio de estructura

The subjunctive and the indicative with *aunque*. As you know, the subjunctive
is often used in Spanish to talk about actions that are nonfactual, doubtful, or
uncertain. **Aunque** (*although, even though, even if*) may be used with either

the subjunctive or the indicative, depending on the degree of certainty the speaker wishes to express. Compare the following sentences.

No terminé el libro **aunque leí**
   toda la noche.

I didn't finish the book,
   although I read all night.

No terminaré el libro **aunque lea**
   toda la noche.

I won't finish the book, even if I
   read all night.

Aunque Juan **tiene** dinero,
   nunca quiere comprar nada.

Although Juan has money, he
   never wants to buy anything.

Aunque Juan **tenga** el dinero, no
   lo quiere comprar.

Even though Juan may have the
   money, he doesn't want to
   buy it.

Can you translate these pairs of sentences?

1. Votaré por él aunque tiene un pasado misterioso.
   Votaré por él aunque tenga un pasado misterioso.
2. Iré a México este verano aunque el viaje cueste mil dólares.
   Iré a México este verano aunque cuesta mil dólares el boleto.
3. No le diré la respuesta aunque me la pida.
   No le dije la respuesta aunque me la pidió.
4. Nunca vas a entender ese libro aunque lo leas cinco veces.
   Aunque lo leí cinco veces, no entendí ese libro nunca.
5. No podrán ayudarlo aunque vayan allí inmediatamente.
   Aunque voy allí inmediatamente, no podré ayudarlo mucho.
6. Aunque está lloviendo, tengo que salir ahora.
   Aunque esté lloviendo, tengo que salir a las seis y media.
7. Aunque sea inteligente, no lo sabe todo.
   Aunque es inteligente, no lo sabe todo.

Práctica   Repase el **Estudio de palabras** y el **Estudio de estructura**. Luego trate de leer este pasaje sin buscar palabras en el diccionario.

Los políticos, aunque hagan buen trabajo, casi nunca tienen una buena imagen pública. Cuando decimos que algo es «pura política» o que alguien hace algo solamente por razones políticas, generalmente es una crítica.° *criticism* Pero la política es una profesión muy necesaria. Consiste en dirigir los asuntos° *affairs* de un grupo—un barrio, una ciudad, un estado o una nación. Esos asuntos requieren la dirección de alguien.

Sin embargo, hay distintos tipos de asuntos que requieren atención y los

políticos son más capaces° en unos campos que en otros. Por ejemplo, el pro-   *capable*
blema de las drogas es un problema antiguo y los políticos no han podido
cambiar la situación mucho aunque han dedicado mucho tiempo y dinero al
esfuerzo. Parece que cada año hay una campaña nueva contra las drogas.

   ¿Cuáles serán las razones por su incapacidad de mejorar este aspecto de la
vida? ¿Nadie sabe qué hacer? ¿Los médicos no tienen idea de cómo convencer
a la gente del mal que resulta del abuso de drogas? ¿Es que es un problema
que sólo ha afectado a los pobres y delincuentes° y por eso no atrae° suficiente   *criminals / attract*
atención? Después de todo, uno es delincuente si usa drogas ilícitas, ¿no?

   En fin, el problema tiene algunos elementos en común con la situación con
el alcohol en los primeros años del siglo XX. ¿Operará el mismo proceso?

¿Ha entendido Ud. el pasaje? Indique si las frases son **ciertas (C)** o **falsas (F)**,
según la lectura.

1. _____ La palabra *político* frecuentemente implica algo negativo.
2. _____ La profesión del político es por lo general innecesaria.
3. _____ Algunos problemas parecen ser muy difíciles de resolver
   políticamente.
4. _____ Los políticos han tenido mucho éxito con el problema de las drogas
   ilícitas.
5. _____ Algunos elementos del problema se parecen a la situación del alcohol de hace más de medio siglo.

En directo

VOCABULARIO ÚTIL

la grasa	*fat*
llevar (una vida)	*to lead, live (a life)*
medir (i,i)	*measure, check*
el peso	*weight*
el poquito	*little bit*
la tensión	*blood pressure*
vigilar	*to watch*

Preguntas 1. ¿Cuántas medidas sugiere el anuncio de la página siguiente para cuidarse?
       ¿Cuáles son?
   2. ¿Qué actividades son malas para el corazón? ¿Puede Ud. explicar por qué
       son malas?
   3. ¿Cuáles son las medidas buenas que debe uno tomar si se quiere?
   4. ¿Cuida Ud. de su corazón o es demasiado joven todavía para preocuparse?

¿Te quieres o no te quieres?

Te quieres si llevas una vida sana, **si no fumas** o moderas el consumo de tabaco, si tu dieta es rica **en fibra, frutas y verduras,** si vigilas tu peso, si haces **ejercicio** y te mides la tensión de vez en cuando.
Así, reduces los riesgos de enfermedad cardiovascular y tendrás un **corazón sano** para toda la vida.

No te quieres si no cuidas tu corazón. No te quieres cuando **fumas,** cuando tomas **mucha sal** o exceso de **grasa animal** que aumenta peligrosamente el colesterol en tu sangre.
Tampoco te quieres si no te preocupas de medirte la tensión.

Quiérete un poquito más, y cuídate, de CORAZON.

MINISTERIO DE SANIDAD Y CONSUMO

5. ¿Cuáles de las sugerencias sigue Ud.? ¿Cuáles cree Ud. que debe hacer pero que no hace?
6. Haga una lista de cosas beneficiosas y otra de cosas dañinas (*harmful*) para el corazón (las del anuncio y otras cualquieras). Compare las listas con las de los compañeros de clase. ¿Son iguales?

Una última ojeada

VOCABULARIO ÚTIL

el búho	*owl*
la campaña	*campaign*
ocular	*of the eyes*
prestar atención	*pay attention*
la vista	*sight*
el volante	*steering wheel*

Preguntas

1. ¿Qué es una revisión? ¿Tiene Ud. una revisión ocular cada dos años? ¿Por qué sí o por qué no?
2. ¿Por qué utilizan el búho en el anuncio? ¿Qué simboliza? ¿Es igual en los EE.UU.?
3. ¿Qué quiere decir la frase «al volante la vista es la vida»?
4. ¿Es cierto que tenemos solamente dos ojos para toda la vida?

12 Actitudes

El cementerio de Almudena, el más grande de Madrid, en el Día de los Muertos (All Souls' Day)

¿Tiene Ud. miedo de la muerte? ¿Piensa Ud. mucho en ella?

Estudio preliminar

A. *Reading strategies:* In Spanish, as in English, words may have more than one meaning. When this occurs, you have to use the context to determine which meaning is the one intended. When you are reading and something doesn't seem to make sense, it is often useful to make sure you haven't assumed the wrong meaning for one of these words. There are several types of words with multiple meanings. Here are a few examples. See if you can determine the proper meaning from the context.

> iba = *he was going; I was going*
> *Iba* al cine cuando vi el accidente.

> rechace = *that he reject; that I reject*
> Espero que no *rechace* la fe. Puede ser un gran consuelo (*comfort*).

> cambio = *I change; exchange* (noun); *change* (noun)
> Siempre *cambio* dinero en esta misma oficina de *cambio*. El *cambio* de
>   rutina no me gusta.

> el papa = *the Pope*; la papa = *potato*
> Un elemento importante de la dieta de casi todos es la *papa*.

B. Estudie estas palabras y expresiones antes de comenzar a leer.

VERBOS		SUSTANTIVOS	
concebir (i, i)	*to conceive*	el ataúd	*coffin*
esconderse	*to hide*	la burla	*joke*
olvidar	*to forget*	el cadáver	*corpse*
pintar	*to paint*	el cielo	*heaven; sky*
realizar (c)	*to carry out*	el/la difunto/a	*dead person*
regalar	*to give (as a gift)*	el/la dios(a)	*god/goddess*
		el hueso	*bone*
OTRAS PALABRAS		el nacimiento	*birth*
Y EXPRESIONES		el velorio	*wake*
a diferencia de	*unlike*		

Usando las palabras de la lista, trate Ud. de adivinar el significado de estos verbos: **burlarse, velar.** ¿Hay cognados en la lista? ¿cognados falsos? ¿Qué palabras inglesas se relacionan con estas palabras españolas: **regalar, difunto, cielo, burla**?

La mayoría de las culturas tienen al menos tres mitos: la creación del mundo, la creación del hombre y la vida después de la muerte. Este último muestra la necesidad que sentimos de explicarnos adónde iremos después de esta vida en la tierra. El hombre necesita esta explicación porque le da espe-

ranza, pues no quiere creer que la muerte sea el verdadero fin° de su existencia. *end*
Las grandes religiones casi siempre ofrecen esta esperanza.

El indio prehispánico de México concebía como una unidad inseparable el
concepto del nacimiento y el de la muerte. Es decir, el uno da sentido° al otro. *meaning*
Esto se refleja en sus representaciones de la muerte: una cara que es mitad
esqueleto, mitad normal.

Los aztecas, que vivían en el centro de México, son llamados a veces «el
pueblo de la muerte» por la enorme cantidad de figuras de la muerte que crearon. Tenían un poema que decía así:

> Cuando morimos,
> no en verdad morimos,
> porque vivimos, resucitamos,° *we come back to life*
> seguimos viviendo, despertamos.
> Esto nos hace felices.° *happy*

Se ve que no sentían miedo hacia la muerte. Su mito sobre la creación del
hombre sostenía° que Quetzalcóatl, uno de sus dioses, fue a Mictlán—el lugar *hold*
de los muertos—y sacó unos huesos. Esparció° los huesos por la tierra y los *He spread*
regó° con su propia sangre, creando así a los primeros seres humanos. En otras *he sprinkled*
palabras, la vida nace de la muerte. Los aztecas concebían la existencia como
un círculo y el nacimiento y la muerte como dos puntos en ese círculo. Este
mito también explica la importancia que tenía la sangre para los aztecas. Y
nos puede ayudar a comprender por qué realizaban sacrificios humanos.

En contraste con los indios precolombinos, los españoles, en el momento
de la conquista, todavía mantenían° el concepto medieval cristiano de la vida *held*
en la tierra como preparación para la vida eterna. Sólo los que vivían de
acuerdo con los mandamientos° de Dios podían ir al cielo. Esta concepción *commandments*
implicaba° más miedo a la muerte que el concepto azteca, pues todo quedaba *implied*
sujeto a un juicio° y nada más. Se tenía que vivir preparado todo el tiempo *judgment*
porque la muerte podía sorprender a una persona en cualquier momento.

La unión de estas actitudes ha hecho que el México actual tenga un concepto único de la muerte. «El mexicano de hoy sigue angustiado° ante la *anguished*
perspectiva° de morir, como toda la humanidad, pero a diferencia de otros *prospect*
pueblos, no se esconde ante la muerte, sino que vive con ella, la hace objeto de
burlas y juegos e intenta° olvidarla transformándola en algo familiar», dice *he tries*
Luis Alberto Vargas, escritor mexicano moderno.

Esta actitud se ve especialmente el día dos de noviembre, «El Día de los
Muertos». Esta fiesta,° que en inglés se llama *All Souls' Day*, se observa en *holiday*
todos los países hispánicos, pero tal vez es en México donde más importancia
tiene.

Es esencialmente un día para recordar a los parientes muertos. Las familias
asisten a misa° y visitan en el cementerio las tumbas de los familiares. Llevan *Mass*
comida y bebidas al cementerio y, generalmente, se trata de los alimentos° que *food*
más le gustaban al difunto. Los familiares comen y beben en honor del difunto
y la ocasión se convierte en una fiesta.

© MARILU PEASE

Como podemos ver en esta foto, los mexicanos frecuentemente se ríen de la muerte. El motivo de esta escena en la capital de México es el Día de los Muertos.

Un alimento muy popular en ese día es el «pan de muerto». Es un pan dulce que puede tener diversas formas, desde la de un hueso hasta la de un cuerpo humano. La popularidad de este pan se relaciona con la costumbre de vender calaveras y esqueletos pintados en las panaderías.

Los niños reciben juguetes° como calaveras de papel, esqueletos que bailan como títeres° y ataúdes con cadáveres de juguete. Los amigos se regalan dulces con forma de calavera, y con el nombre de la persona que lo recibe pintado sobre la frente.°

Aunque tal vez es en México donde dan más importancia al día de los muertos, lo observan en muchos otros países de manera semejante. En España, por ejemplo, además de visitar el cementerio, asisten al drama «Don Juan Tenorio» por la noche porque tiene escenas de ultratumba.° Hoy día° siempre lo ponen en la televisión también.

Una diferencia muy básica entre la sociedad hispánica y la norteamericana en este aspecto es la inclusión de los niños en todas estas actividades. En la cultura norteamericana el niño puede llegar a adulto sin tener una visión muy concreta de la muerte o de su significado. Los sicólogos dicen que esta falta° de preparación puede hacerle al adulto más difícil su primer contacto con la muerte. En el mundo hispánico esto no parece ser gran problema porque los niños ya han aprendido que se trata de una cosa natural. Probablemente han asistido a velorios y entierros° desde pequeños. Puesto que° varios miembros de la familia viven relativamente cerca, es más probable que haya una muerte durante los años de la niñez.°

toys

puppets

forehead

beyond the grave / Hoy...
   Nowadays

lack

burials / Puesto... Since

childhood

En las confiterías de México se venden calaveras de azúcar para celebrar el Día de los Muertos.

Como dice el señor Vargas, nadie quiere morir—el deseo de morir se clasifica como una enfermedad mental en la mayoría de los casos. La diferencia está en cómo se reacciona al hecho° de su inevitabilidad. La sociedad anglosajona parece querer olvidarse del hecho en vez de aceptarlo como realidad. Los hispanos tienden a verlo como algo natural y a aceptar su presencia en la vida diaria.

fact

Casi siempre los niños de la familia asisten a los entierros en el mundo hispánico. ¿Es distinta la práctica en la familia de Ud.?

Preguntas

A. Conteste según la lectura.

1. ¿Cuáles son las tres explicaciones básicas ofrecidas por casi todas las grandes religiones? ¿Por qué son tan importantes para hombre estos puntos?
2. ¿Por qué había cierto miedo relacionado con el concepto medieval cristiano de la muerte?
3. ¿Cómo se distinguía (*was different*) el concepto azteca?
4. ¿Qué resultado general ha tenido la mezcla (*mixture*) de estos conceptos después de la conquista?
5. ¿Qué celebran los hispanos el dos de noviembre? ¿Cuáles son algunas prácticas comunes en ese día? ¿En qué día se observa algo semejante (*similar*) en los EE.UU. en la misma época? ¿Cómo es distinto en cuanto a la presencia de la muerte?
6. ¿Cómo es distinta la relación de los niños con la muerte en las dos culturas? ¿Cuál fue la experiencia de Ud. con la muerte cuando era niño/a?

B. Conteste estas preguntas personales.

1. ¿Asistió Ud. a un entierro (*funeral*) o a un velorio cuando era niño/a? ¿Cree Ud. que deban asistir los niños? ¿Por qué sí o por qué no? ¿Aceptan más naturalmente la muerte los niños o los adultos? ¿Por qué?
2. ¿Preferiría Ud. un entierro grande o pequeño? ¿Por qué hay entierros muy grandes? ¿Qué propósito tienen? ¿Querrá Ud. un ataúd lujoso (*luxurious*)? ¿Le importará mucho?
3. En el futuro, ¿serán distintos los entierros? ¿Faltará espacio para enterrar los cadáveres? ¿Habrá más cremaciones?
4. ¿Cuál es su visión personal de la muerte? ¿Qué habrá después de la muerte? ¿Tiene Ud. miedo de morir o de la vida después de la muerte? ¿Piensa Ud. mucho en eso? ¿Por qué sí o por qué no?

Trozos culturales

VOCABULARIO ÚTIL

los/las afectos/as	*friends*
el alma	*soul*
la amistad	*friend*
bendición	*blessing*
la caridad	*charity, mercy*
citado	*above-mentioned*
cuyo	*whose*
despedir (i, i)	*to say goodbye*
el domicilio	*residence*
el duelo	*group of mourners*
encomendar (ie)	*to entrust*
fallecer (zc)	*to die*
ha de tener lugar	*is to take place*

✝

ROGAD A DIOS EN CARIDAD
por el alma de la señora

**DOÑA ROSARIO LAMNE-
LEMNE ROMERO**

esposa que fue del señor

Don Manuel Donoso Bosque

Falleció el día 18 de marzo de 1989, después de recibir los Santos Sacramentos y la bendición de Su Santidad

R. I. P. A.

Su esposo; hijas, Dolores (viuda de Romero Sigüenza), Elena y Rosario; hijo político, José Luis Ugalde; nietos y demás parientes y afectos,
RUEGAN a sus amistades encomienden su alma a Dios Nuestro Señor y asistan a la conducción de su cadáver, que ha de tener lugar hoy domingo, día 19, a las diez de la mañana, desde su domicilio en la calle Urbión, 1 al cementerio de San Fernando, de esta capital, por cuyos actos de caridad cristiana les quedarán agradecidos.
El duelo recibe y despide en el citado domicilio.
Vivía: Urbión núm. 1-3.º-D.

político	*in-law*
R.I.P.A.	*rest in eternal peace*
rogar (ue) (gu)	*pray, beg*
los Santos Sacramentos	*Holy Sacraments*
Su Santidad	*His Holiness*
el/la viudo/a	*widower/widow*

Preguntas

1. ¿Cuántos detalles (*details*) sobre la vida de la señora se encuentran en la esquela (*obituary notice*)?
2. De lo que sabe por la esquela, añada (*add*) Ud. otros detalles imaginarios para confeccionar (*put together*) una biografía de la difunta.
3. ¿Qué tipo de obituario quiere Ud.? ¿Le importa mucho que sea impresionante? ¿Para qué sirven los obituarios o las esquelas?

VOCABULARIO ÚTIL

más sentido	*deepest*
el pésame	*condolences*

En estos momentos difíciles,
no estáis solos en el dolor.

Preguntas

1. ¿Qué significa el mensaje de la tarjeta (*card*) cuando dice «no estáis solos»?
2. ¿Ha mandado Ud. una tarjeta de pésame? ¿De qué sirven las tarjetas de este tipo? ¿Es más o menos personal que una conversación por teléfono o una visita?

Estudio de palabras

Otra manera de aprender el significado de las palabras nuevas es reconocer una palabra que ya sabemos en la forma de la palabra nueva. Por ejemplo, muchas veces se usa el verbo para formar sustantivos con la terminación **-o** o **-a**. ¿Puede Ud. reconocer estos sustantivos y dar los verbos correspondientes?

abandono	alivio	apoyo	aviso	camino
causa	charla	deseo	duda	descanso
desarrollo	espera	encanto	forma	falta
pregunta	práctica	pago	queja	reflejo

¿Qué tienen en común todos los verbos? ¿Qué tienen en común los siguientes sustantivos y los verbos con que se relacionan: **comienzo, juego, prueba**?

Claro que a veces los sufijos son más complicados, pero todavía se puede reconocer el verbo original: **esperanza, enseñanza**.

Otro grupo grande de sustantivos españoles se forma como los sustantivos correspondientes en inglés, con la terminación *-ion* (**-ión** en español). ¿De qué verbos vienen estas palabras?

organización	negación	operación
conversación	continuación	participación

Estudio de estructura

The subjunctive and indicative with *si*. Although the word **si** (*if, whether*) often seems to imply doubt or uncertainty, it is used with the subjunctive in only two types of sentences: the contrary-to-fact "if" clause sentence, that is, a sentence that refers to actions or situations that are untrue and are likely to remain untrue; and sentences that refer to hypothetical situations. The "if" clause is always expressed in these cases with a verb in the imperfect subjunctive, and the main clause verb is always in the conditional.

Si tuviera dinero, **viviría** en Europa.	*If I had the money, I would live in Europe.*
Juan no **trabajaría si fuera** rico.	*Juan would not work if he were rich.*
Si dijera la verdad ahora, no **tendría** que seguir mintiendo.	*If he were to tell the truth now, he wouldn't have to keep on lying.*

In all other cases, the word **si** is used with the indicative. Compare these sentences with the preceding ones.

Si tengo dinero, **voy** a vivir en Europa.	*If I have the money, I'm going to live in Europe.*
Si Juan era rico, no lo **demostraba**.	*If Juan was rich, he didn't show it.*

Si dice la verdad, no **tendrá** que seguir mintiendo.

If he tells the truth, he won't have to keep on lying.

Express these sentences in English.

1. Si él me regalara los libros, le ayudaría con la lección.
2. Yo haría un viaje si tuviera vacaciones ahora.
3. Si ella lo recuerda, no lo admitirá.
4. Si no fuera verano, no podríamos ir a las montañas.
5. Iría al velorio si pudiera.
6. Si se estuviera muriendo, no estaría comprándose ropa nueva.
7. No sabemos si esperar o salir ahora.
8. Si perdió el empleo, no me lo dijo.
9. Si lo tuviera aquí conmigo, te lo daría ahora.
10. ¿Te sorprendería si pintara la casa de negro?
11. ¿Qué haríamos si naciera el niño hoy?
12. Si te escondes aquí, nadie te encontrará.
13. Iría al cine si alguien me acompañara.
14. Dudo que él sepa si van o no.
15. Si votara, votaría por el candidato de ese partido.

Práctica

Repase el **Estudio de palabras** y el **Estudio de estructura**. Luego trate de leer este pasaje sin buscar palabras en el diccionario.

¿Cómo sería la vida si todos fuéramos inmortales? ¿Querría Ud. ser inmortal? La vida sería aburrida, probablemente. Como decían los antiguos mexicanos, la muerte da sentido a la vida. Es casi imposible imaginar cómo sería la vida si supiéramos que no íbamos a morir.

Otra idea, sin embargo, es más interesante—la posibilidad de extender la vida normal a cien o a ciento cincuenta años o más. La medicina moderna desarrolla nuevos procedimientos° de curación todos los días. Cada vez se fabrican y se perfeccionan más los órganos artificiales. Es posible que los robots del futuro seamos nosotros.

procedures

Si nos ofrecieran la posibilidad de tener ciento cincuenta años de vida activa, ¿qué cambios tendríamos que hacer? ¿Querríamos, por ejemplo, ejercer° un solo trabajo? Es difícil imaginar ciento veinticinco años haciendo la misma cosa, ¿no? Tal vez volveríamos a la escuela a los setenta años para aprender cosas nuevas. Podríamos comenzar otra vida a los setenta y cinco.

to perform

Sería imposible jubilarse° a los sesenta y cinco, pues nos quedarían ochenta y cinco años de ocio. Se podría tener dos carreras de cincuenta años cada una y todavía nos quedaría un descanso de veinticinco.

to retire

¿Y qué decir del matrimonio? ¿Quién estaría dispuesto a° un matrimonio de ciento veinte años? Tendríamos que crear un matrimonio que terminara después de un período fijo°—cincuenta años, por ejemplo.

dispuesto... ready for

fixed

¿Está Ud. preparado/a?

¿Ha entendido Ud. el pasaje? Indique si las frases son **ciertas (C)** o **falsas (F)** según la lectura.

1. _____ La posibilidad de ser inmortal es completamente atractiva.
2. _____ Es posible que en el futuro vivamos ciento cincuenta años.
3. _____ Habría muchos cambios si viviéramos tanto tiempo.
4. _____ Una solución sería dividir la vida en dos partes.

En directo

Las esquelas de defunción° son los anuncios que se colocan° en el periódico para dar noticia de la muerte de algún amigo, familiar o colega profesional. La diferencia entre la esquela hispánica y el obituario norteamericano parece ser el aspecto más personal de aquélla.° Este artículo muestra como las esquelas pueden ser objeto de estudio serio. El autor, Josep-Vicent Marqués, que escribe regularmente de temas sociales, presenta una opinión en que duda un poco sobre la cuestión.

esquelas... obituary notices / put

the former

Las esquelas

Acabadas° las vacaciones habré debido revisar° la marcha° de la tesis doctoral de mi amiga Francis, una tesis cuya dirección me ha caído°...

—He pensado en usted para dirigir mi tesis sobre las esquelas.

—Caramba, pues podía haber pensado usted en otra persona. ¿Qué rasgo° de mi perfil° humano o intelectual asocia usted al tema?

Francis disponía ya de° un apoyo° generoso y eficaz... Nada menos que Camilo José Cela [novelista español que ganó el premio Nobel en 1989], gran coleccionista de estos poemas... Sin embargo, no había encontrado a nadie dentro del mundo académico que asumiese° el objeto como tema de una tesis doctoral. Puede que° no se tratase de estrechez° de miras° científicas, puede que fuese simplemente superstición...

De las esquelas me ha llamado siempre la atención la escasa° imaginación literaria de los redactores creyentes.° Los agnósticos no tenemos más remedio que esforzarnos° algo más. Las buenas gentes piadosas° se limitan a informar de que el finado° recibió los últimos sacramentos y la bendición apostólica de Su Santidad...

Nada suele ser,° pues, tan muerto como la esquela misma.° Quizá° los difuntos sólo se dan cuenta de° que lo están° cuando ven su esquela en un periódico serio. Extraña relación personal la que establecemos con los que se han ido, en ese momento en que quizá tampoco nosotros sabemos si se han quedado para espiarnos.°

de *El País*, enero 1989

Finished / to review / progress
me... has fallen to me

characteristic / makeup

disponía... already had / support

que... who would assume
Puede... It may be / narrowness
viewpoints
scant

redactores... faithful authors
to put out more effort / pious
deceased

suele... is usually / itself / Perhaps
se... realize / lo... they are (dead)

to spy on us

Preguntas
1. ¿Puede Ud. imaginar un estudio académico sobre las esquelas? ¿Qué aspectos se podría estudiar? En su opinión, ¿tendría valor tal estudio?
2. ¿Qué aspectos de las esquelas critica el autor?
3. ¿A Ud. le gustaría que le pusieran una esquela grande al morir? ¿Quién lo haría? ¿Para quién pondría Ud. una esquela?

Una última ojeada

VOCABULARIO ÚTIL

festejar   *to fete, honor with festivities*
la tarjeta   *card*

Preguntas
1. ¿Por qué hay esqueletos en la imagen para noviembre? ¿En qué mes los usaríamos nosotros los norteamericanos de manera semejante (*similar*)?
2. ¿Sabe Ud. los equivalentes en inglés de todos los nombres?
3. ¿Qué tipo de tarjeta será «Bancomer»? ¿Por qué pondría este letrero (*sign*) en las tiendas cada mes? ¿Qué quieren que haga la persona que lo ve? ¿Le parece a Ud. buena idea?

13 Nuestra población hispánica

San Francisco, California

¿Sabía Ud. que solamente cuatro países del mundo tienen más habitantes de habla española que los Estados Unidos? ¿Cómo llegó a ser esto?

Estudio preliminar

A.   *Reading strategies:* Certain words and phrases mark the transition from one clause to another. When reading Spanish, it is helpful to pay close attention to these transitional words and phrases. Some that you already know are **por ejemplo, sin embargo,** and **en vez de.** Here are some other common ones.

en cambio	*on the other hand*
es decir	*that is to say*
de todos modos	*anyway, in any case*
por eso	*therefore, for that reason*
más bien	*rather*

Can you read these sentences?

1.   Yo prefiero el café con leche, en cambio Susana lo prefiere solo (*black*).
2.   ¿Te gusta la tortilla española, es decir, con huevos y patatas?
3.   Estoy engordando. De todos modos voy a probar el postre.
4.   A Juan le encantan los mariscos, por eso vive cerca del mar.
5.   No coma Ud. ahora. Espere más bien hasta el almuerzo.

B.   Estudie estas palabras y expresiones antes de comenzar a leer.

VERBOS

ceder	*to cede*
implicar (qu)	*to imply*

SUSTANTIVOS

la ciudadanía	*citizenship*
el/la enemigo/a	*enemy*
la llegada	*arrival*
el regreso	*return*
el sentido	*meaning, sense*
el tratado	*treaty*

OTRAS PALABRAS Y EXPRESIONES

en busca de	*in search of*
últimamente	*lately, recently*
ya que	*since*

¿Hay cognados en la lista? ¿Qué palabras se relacionan con estas palabras inglesas: *city, implication*?

Al pensar en los tres grupos principales de población de origen hispánico que hay en este país—los chicanos, los puertorriqueños y los cubanos—es importante recordar que muchos de ellos no vinieron a los Estados Unidos como inmigrantes. Se vieron incorporados casi por la fuerza.

Muchos hispanos, por ejemplo, ya vivían en la región que se extiende desde Texas hasta el estado de Washington cuando llegaron los anglos. La po-

lítica expansionista de los Estados Unidos llevó° a una guerra con México y en   llevó *led*
1848 México tuvo que ceder toda esa región a la nación victoriosa. El Artículo
Ocho del Tratado de Guadalupe Hidalgo, que puso fin° a la guerra, dio a los   *end*
habitantes la posibilidad de elegir entre mudarse a México o quedarse en los
Estados Unidos. El Artículo Nueve garantizó todos los derechos y privilegios
de ciudadanía a los que prefirieran quedarse. Ya que muchas familias estaban
establecidas en la región desde el siglo XVII, muchos de sus miembros decidieron quedarse. Así que los descendientes de ese grupo tienen más de cien
años de ciudadanía norteamericana.

Entre 1850 y 1900 vinieron muchos más. Algunos trabajaban en las minas
de California donde eran indispensables por sus conocimientos técnicos. Ayu-

© JEFF FRANKO/UPI

*César Chávez, el presidente del sindicato de
obreros agrícolas (UFW), pide que el público
participe en el boicot de las uvas contamina-
das con pesticidas. ¿Cree Ud. que son peligro-
sos los pesticidas?*

daron en la construcción de ferrocarriles,° y también se dedicaron a la cría de   *railroads*
ganado° y a la agricultura. Esa zona todavía no tenía mucha población, por lo   *la... cattle raising*
que° el trabajo de los mexicanos ha sido fundamental para lograr el desarrollo   *por... so*
económico del oeste. Así que es muy lógico que se sientan tan norteamericanos
como cualquier otro habitante del estado.

En el siglo XX, también, han inmigrado a los Estados Unidos muchos
mexicanos. Durante las dos guerras mundiales los dos gobiernos permitieron la
llegada de obreros mexicanos para trabajar en los campos del suroeste.
Aunque los programas terminaron, la inmigración continúa produciéndose.
Los que llegan hoy—muchas veces ilegalmente—son inmigrantes en el sentido
tradicional.

Los puertorriqueños forman el segundo grupo. Tampoco son inmigrantes:
recibieron la ciudadanía como resultado de una guerra. Han sido ciudadanos
desde 1898, cuando el Tratado de París puso fin a la guerra entre los Estados
Unidos y España. La isla de Puerto Rico, una colonia española, se cedió a los
Estados Unidos y los puertorriqueños cambiaron de amo.° Siendo ciudadanos,   *master*
pueden ir y venir al continente norteamericano sin restricciones.

Al principio° no inmigraron muchos, pero después de la Segunda Guerra   *Al... At first*
Mundial, cuando las condiciones económicas en los Estados Unidos fueron
muy favorables, comenzaron a llegar en gran número a Nueva York y a las
otras grandes ciudades del este. Venían en busca de empleo y de una vida
mejor.

Los puertorriqueños en los Estados Unidos son el grupo hispánico que más
padece° económicamente. Sufren tanto que, últimamente, se ha producido otro   *suffers*
fenómeno: el regreso de muchos puertorriqueños a la isla. En los últimos años
el número de los que han regresado a la isla ha sido mayor que el número de
los que vinieron al continente. Debido a la política progresista del gobierno de
Puerto Rico, las condiciones han mejorado mucho en la isla. Este fenómeno,
sin embargo, plantea° ciertos problemas entre la población de la isla, pues   *raises*
implica tener más competencia a la hora de encontrar trabajo.

El tercer grupo lo forman los cubanos que viven en todo el país pero que
se concentran especialmente en el sur de Florida. Muchos cubanos vinieron a
los Estados Unidos como refugiados políticos después de 1959, cuando Fidel
Castro ganó la revolución en Cuba.

Al ver la posibilidad de una sociedad y un gobierno totalitarios, muchos
cubanos decidieron salir. Castro se declaró marxista y empezó a perseguir° a   *to persecute*
muchas personas que habían gozado° de una buena posición bajo el régimen   *enjoyed*
anterior.° Evidentemente creía que las personas que habían vivido bien en esa   *previous*
época serían enemigos del nuevo gobierno revolucionario. Por razones políticas
y humanitarias, los Estados Unidos aceptaron a los cubanos refugiados.

A diferencia de los otros inmigrantes, no eran aquellos cubanos los más
pobres de su país sino que eran, en gran parte, personas bien preparadas
profesionalmente: abogados, ingenieros, médicos, hombres de negocio, etcétera. A pesar de que muchos tuvieron que abandonar sus propiedades° y pose-   *property*
siones al salir de Cuba, no abandonaron su educación. Un abogado que

© HAZEL HANKIN

Todos los años los puertorriqueños de Nueva York celebran su herencia con un gran desfile (parade) por las calles de Manhattan.

ejercía° su profesión en Cuba no puede ejercerla en los Estados Unidos automáticamente, pero su formación° le ayuda a encontrar un empleo o una nueva profesión. Además, el ser bilingüe° puede ser una gran ventaja.

    Así que, como grupo, los cubanos han tenido más éxito económico en los Estados Unidos que los otros grupos hispánicos. Seguramente se sienten menos discriminados como resultado de su posición social y se adaptan más fácilmente a la nueva sociedad. Sin duda, a ello° contribuyó el que° veían, y toda-

practiced
training
bilingual

this / el... the fact that

© MICHAL HERON

Miami, Florida. Los refugiados cubanos frecuentemente eran personas con buena preparación profesional que pudieron establecerse en una nueva carrera al llegar a los Estados Unidos.

vía ven, a la nueva patria más como una salvación que como un país
victorioso sobre su país de origen.

Durante la década de los 80 se ha visto una nueva presencia hispánica en
la Florida y en California principalmente—son los centroamericanos, especialmente los de Nicaragua y El Salvador. Refugiados políticos del régimen Sandi-
nista o del gobierno salvadoreño, comienzan a formar una parte importante de
la población hispana. Ya que se consideran refugiados, tal vez tienen más en
común con los cubanos que con los otros grupos, pero al mismo tiempo son
frecuentemente inmigrantes sin documentos. Para ser admitido a los EE.UU.
como refugiado político, el gobierno norteamericano tiene que aceptar esa
posibilidad. El gobierno no ha declarado una política° firme sobre el estado de   *policy*
estas personas. Esto ha dado origen° a grupos humanitarios en los EE.UU. que   *ha... has given rise*
protegen a esta gente para apoyar su ideología específica. Como siempre, el
inmigrante se encuentra en una posición débil ante el juego político de su
nuevo país adoptivo.°   *adopted*

Preguntas

A.   Conteste según la lectura.

1.   ¿Qué resultado tuvieron los artículos Ocho y Nueve del Tratado de
     Guadalupe Hidalgo? ¿Qué propósito tenía el tratado?

2.   ¿Qué contribuyeron los hispanos que vinieron a los EE.UU. en el siglo
     XIX?

3.   ¿Cómo y cuándo recibieron los puertorriqueños la ciudadanía
     norteamericana?

4.   ¿Cuál ha sido la historia de los puertorriqueños después de la Segunda
     Guerra Mundial?

5.   ¿Cuándo y por qué vinieron tantos cubanos a los EE.UU.? ¿Cuál ha sido
     la diferencia mayor en su experiencia en el nuevo país?

6.   ¿Qué grupos nuevos comienzan a aparecer en los 80? ¿Cuál es su situación
     general?

B.   Conteste estas preguntas personales.

1.   ¿Conoce Ud. a algún miembro de uno de los grupos mencionados? ¿Cuál?
     ¿Cómo lo/la conoció? ¿Es Ud. miembro de uno de los grupos?

2.   ¿Qué es la educación bilingüe? ¿Está Ud. a favor de la educación bilingüe?
     ¿Deben coexistir varias culturas en los Estados Unidos o debe haber
     (*should there be*) sólo una cultura para todos?

3.   Todas la culturas tienen sus héroes y tradiciones—como en los Estados
     Unidos tenemos a George Washington y a Abraham Lincoln. Si fuera Ud.
     a México a vivir, ¿podría considerar a Benito Juárez como héroe o prefer-
     iría seguir con Lincoln? ¿Podría Ud. tener la misma actitud hacia Cer-
     vantes que tiene hacia Shakespeare? ¿Preferiría «Las mañanitas» a «*Happy
     Birthday to You*»?

Trozos culturales

VOCABULARIO ÚTIL

el apoyo	*support*	la firma	*signature*
la campaña	*campaign*	solidarizarse (c)	*to support the*
enviar	*to send*		*cause*

Solidarícese enviando su firma.
Pida más información.

CAMPAÑA REFUGIADOS EN EL MUNDO
General Perón, 32-2.° ☐ 28020 Madrid. ☐ Tel. (91) 455 42 69.

Campaña española de solidaridad, apoyo y ayuda a 12.000.000 de refugiados de todo el mundo.

A.C.N.U.R. ALTO COMISIONADO DE LAS NACIONES UNIDAS PARA LOS REFUGIADOS.

C.E.A.R. COMISION ESPAÑOLA DE AYUDA AL REFUGIADO.

Preguntas

1. ¿Cómo definiría Ud. la palabra *refugiado*? ¿Está Ud. a favor de todos los refugiados?
2. ¿Se debe encarcelar (*imprison*) a los refugiados que eran criminales en su país original? ¿Cómo se puede saber si cometieron delitos (*crimes*)?
3. ¿Cuál será el propósito de la ayuda mencionada en el anuncio?
4. En su opinión, ¿es justo exigir (*demand*) cierta conducta de los refugiados en el nuevo país en cuanto a lengua, cultura y política? ¿Cómo deben comportarse (*behave*)?

Estudio de palabras

Hay toda una clase de verbos que terminan en **-ecer**. Por lo general, cuando este sufijo se añade a un sustantivo o a un adjetivo, el verbo formado incluye el sentido de *to become* o *to make* más (*plus*) el sentido del sustantivo o adjetivo. Si uno reconoce la palabra original, es fácil adivinar el sentido del nuevo verbo. A veces tienen un prefijo también. Complete estos grupos.

ESPAÑOL	INGLÉS	ESPAÑOL	INGLÉS
viejo	old	envejecer	*to become old*
sordo	deaf	ensordecer	_____
orgullo	pride	enorgullecer	_____
rojo	red	enrojecer	_____
oscuro	dark	oscurecer	_____
duro	hard	endurecer	_____

¿Qué significan estos verbos?

atardecer	favorecer	florecer	empobrecer
enriquecer	entristecer	anochecer	empequeñecer
palidecer	engrandecer		

Los sufijos **-ez** y **-eza** sirven para transformar algunos adjetivos en sustantivos. De nuevo, es importante buscar la palabra original. Las equivalentes en inglés muchas veces terminan en *-ness* o en *-ty*: **puro** (*pure*) → **pureza** (*purity*); **sencillo** (*simple*) → **sencillez** (*simplicity*).

    ¿Puede Ud. adivinar el significado de estas palabras y dar la palabra original?

pequeñez	honradez	grandeza	vejez
aridez	riqueza	pobreza	brillantez
bajeza	alteza	tristeza	niñez

Note Ud. que éstos son frecuentemente los mismos adjetivos que añaden **-ecer** para convertirse en verbos.

Estudio de estructura

An idiomatic use of *se*. A special construction may be used with a number of Spanish verbs to talk about unplanned or accidental events. A parallel English construction exists but is used less often. In colloquial English we may say, *"The glass broke (on me)"* instead of *"I broke the glass."* In Spanish, these two English sentences are expressed, respectively, as follows:

    Se me rompió el vaso.   **Rompí el vaso.**

As in English, the first sentence tends to shift responsibility away from the speaker, indicating an unplanned action. This construction is used more frequently in Spanish than in English, and sometimes English has no exact equivalent. Look at the following examples.

Se me olvidaron los libros.	*I forgot the books.*
Se le perdió el dinero.	*He lost the money.*
Se me ocurrió una idea.	*An idea occurred to me.*

In the Spanish construction, the subject usually follows the verb. Note that the subject of the Spanish sentences is usually the object of the English. In Spanish, both **se** and an indirect object pronoun are always used.

    Certain verbs lend themselves to this construction because they express the unexpected: **perder, olvidar,** and so on.

    Can you express these sentences in English?

1. Se le perdieron las entradas.
2. Se me rompió la botella de vino.

3. Se les olvidaron las palabras.
4. ¿Se te escapó el tiempo?
5. ¿Se le mejoró la pierna?
6. Se nos ocurrió muy tarde la solución.
7. Se les resolvió el problema cuando al profesor se le olvidó el examen.
8. Se les vendió la casa sin que ellos lo supieran.

Práctica

Repase el **Estudio de palabras** y el **Estudio de estructura**. Luego trate de leer este pasaje sin buscar palabras en el diccionario.

Durante el siglo XIX en los Estados Unidos la teoría del «crisol° norte- *melting pot*
americano» dominaba la política hacia los inmigrantes. La teoría decía
que si los Estados Unidos daba una buena acogida° a los inmigrantes, ellos *welcome*
vendrían al país para crear una nueva cultura. Se les olvidarían las costumbres
de su cultura original y la nueva cultura florecería como una mezcla° de las *mixture*
varias culturas de los inmigrantes. Esta idea parecía útil cuando la mayoría de
los inmigrantes eran del norte de Europa donde su cultura no se distinguía
mucho de la cultura anglosajona.

Con la llegada de inmigrantes de características culturales y raciales distintas la teoría comenzó a perder su valor. El problema es que para que haya
enriquecimiento de una cultura por otra, tiene que haber intercambio° cultural. *exchange*
Por lo menos la cultura dominante tiene que respetar la otra cultura y estimar
la riqueza de sus tradiciones. Sin tal respeto habrá una tendencia a tratar de
suprimir° la otra cultura. Al resistir esta supresión nacen tensiones. *to suppress*

La única defensa de la cultura dominada es exigir° el pluralismo cultural. *to demand*
Pero otros dicen que el pluralismo fragmenta la sociedad aún más.

El debate sobre la educación bilingüe es típico de esta lucha entre la teoría
del crisol y el pluralismo. Los que apoyan la política antigua quieren que los
inmigrantes aprendan inglés y que su educación sea igual a la de los anglos.
Los que apoyan el pluralismo dicen que la educación nunca puede ser igual si
se ofrece en una lengua extranjera.

¿Ha entendido Ud. el pasaje? Indique si las frases son **ciertas (C)** o **falsas (F)**,
según la lectura.

1. _____ La teoría del crisol es de este siglo.
2. _____ El crisol funciona si los inmigrantes vienen de una cultura que no es
muy distinta de la cultura adoptiva.
3. _____ Una cultura dominante tiene que respetar la cultura dominada para
que funcione la teoría del crisol.
4. _____ La idea del pluralismo cultural resuelve el problema de la educación
bilingüe.

En directo

La presencia hispánica en los Estados Unidos constituye un tema político interno. Al mismo tiempo, varios otros países lo miran con interés por razones culturales o históricas desde afuera.° Los países hispánicos más cercanos° ven que algunos de sus ciudadanos figuran como parte de esa presencia. España también ve una relación histórica como se ve en este artículo de opinión del periódico *ABC*.

desde... from outside / nearby

La historia determina el curso de los pueblos° en medida° muy superior a lo que ciertos fenómenos de superficie° permiten considerar. El gradual influjo° que la cultura hispana ejerce° hoy en los Estados Unidos obedece a esa presión° de la Historia. España colonizó Texas, Nuevo México, Arizona, Colorado, Nevada, Montana y Florida, que en buena parte formaron parte de la Corona° de Castilla...

peoples / measure
surface
influence / exercises
pressure

Crown

La minoría hispana es cada vez más pujante°... Hoy [los hispanos] forman la segunda minoría de los Estados Unidos tras los negros; mañana pueden ser la primera...

vigorous

De este arraigo y auge° de lo hispánico en los Estados Unidos existen otras muchas señales°... El español es hoy el idioma extranjero más popular entre los estudiantes de enseñanza secundaria. El interés por las formas hispánicas artísticas e informativas representa un fenómeno innegable° entre la misma población anglófona.° La campaña° «Sólo inglés», que se ha plasmado° hasta ahora en dos referendos° para la oficialidad de la lengua inglesa en California (1986) y en Arizona, Colorado y Florida (1988), debe interpretarse como un signo de temor° ante el avance° del castellano. Pero la legislación norteamericana no es monolítica. Así lo confirma el reciente Programa de Acreditación Dual, que permite introducir en la enseñanza secundaria los planes de estudios humanísticos de otros países... El gobierno español debería incrementar° su participación en este Programa, que podría ser decisivo para la consolidación y difusión del idioma castellano en los Estados Unidos...

arraigo... roots and flowering
signs

undeniable / English-speaking / campaign
materialized / referendums

fear
advance

increase

de *ABC*, abril 1989

Preguntas

1. ¿Qué aspecto histórico favorece el influjo de la cultura hispana en los EE.UU.?
2. ¿Cuáles son algunas señales del crecimiento de la importancia de la población hispana?
3. ¿Vive Ud. en un lugar donde hay muchos hispanos? ¿Vive en un estado donde han declarado el inglés como idioma oficial? ¿Qué efecto ha tenido? ¿Ha sido bueno o malo?

Una última ojeada

VOCABULARIO ÚTIL

a la vez	*at the same time*	esclarecer	*to clear up*
al filo	*at the beginning*	el euskera	*Basque**
ambos	*both*	el gallego	*Galician**
añadido	*added*	intentar	*to try*
el catalán	*Catalan**	el patrón	*pattern*
compensado	*made up for*	plantearse	*to present itself*
encarado	*confronted*	el retraso	*deficiency*

Muchos padres se preguntan si es conveniente que un niño aprenda dos lenguas a la vez. Sin duda, estamos ante un tema polémico que intentaremos esclarecer.

¿En qué idioma hablas pequeño?

*T*enemos un niño que ya ha empezado a hablar y nos preguntamos si es recomendable que aprenda dos idiomas al mismo tiempo.» Esta es una consulta que los padres preocupados por el tema del bilingüismo nos hacen con bastante frecuencia. El problema se plantea especialmente en aquellas zonas del Estado español en las que coexisten dos lenguas oficiales, el castellano, por un lado, y el catalán, euskera o gallego, por el otro.

Lo que hay que saber. Un niño que desde el comienzo de su vida oye hablar en dos lenguas diferentes aprende a hablar en las dos. Al mismo tiempo, sigue en ambas idéntico patrón de desarrollo que los niños que tienen un solo idioma, aunque pueda producirse algún retraso compensado con el tiempo. Desde muy pronto, al filo de los tres años, el niño distingue, además, con claridad los dos sistemas lingüísticos, utiliza uno u otro según las situaciones y pasa de éste a aquél con facilidad.

Bien encarado, el bilingüismo no es un obstáculo, sino un valor añadido.

*El catalán is spoken in northeast Spain; el euskera, north central Spain; el gallego, northwest Spain. These languages are spoken in addition to el castellano, which is the official language of all of Spain.

Preguntas

1. ¿Dice el artículo que es bueno o malo hablar más de un idioma desde niño? ¿Por qué? ¿Está Ud. de acuerdo?

2. ¿Por qué es tema polémico el bilingüismo en los EE.UU.? ¿Por qué será igual en España?

3. ¿Quisiera Ud. haber aprendido otra lengua más temprano? ¿Por qué? ¿Piensa enseñarles a sus hijos otra lengua?

14 La prensa y la televisión

Cartagena, Colombia. Distribución de periódicos

© ULRIKE WELCH/PHOTO RESEARCHERS, INC.

¿Le gustan a Ud. los programas que se presentan en la tele norteamericana? ¿Ha pensado en el efecto que estos programas pueden tener en otros países?

Estudio preliminar

A. *Reading strategies:* As you read in Spanish, you will occasionally encounter long, complex sentences. It is usually helpful to try to break such sentences into smaller, more manageable parts. One way to do this is to search for conjunctions or prepositions, which serve to introduce separate clauses and phrases. Read the following sample sentence.

> Carlos y Jorge van temprano al trabajo, pero vuelven inmediatamente a casa porque la tienda donde trabajan está cerrada puesto que hoy es un día festivo y los trabajadores tienen el día libre.

This sentence can be broken into the following clauses:

> Carlos y Jorge van temprano al trabajo
> *pero* vuelven inmediatamente a casa
> *porque* la tienda donde trabajan está cerrada
> *puesto que* hoy es un día festivo
> *y* los trabajadores tienen el día libre.

Note that each of the clauses is relatively easy to read. Can you divide the following sentences into smaller parts?

1. Mañana vamos a mirar la televisión porque van a estrenar la nueva telenovela que ha montado Pedro Almodóvar después de ser candidato al premio Oscar.
2. Los chicos piensan quedarse aquí y terminar el reportaje mientras nosotros ayudamos a Elena a preparar el noticiero que tiene que emitir esta noche.

B. Estudie estas palabras y expresiones antes de comenzar a leer.

VERBOS		OTRAS PALABRAS Y EXPRESIONES
alcanzar (c)	*to reach*	
aumentar	*to increase*	en todo caso *in any case*

SUSTANTIVOS

el anglicismo	*word or phrase from English*
el barbarismo	*improper usage*
el/la crítico/a	*critic*
la emisora	*TV station*
el esfuerzo	*effort*
la fuente	*source*
la publicidad	*advertising, publicity*
el/la publicitario/a	*person who works in advertising*

ADJETIVOS

disponible *available*

¿Hay cognados en la lista? ¿cognados falsos? Usando las palabras de la lista, trate de adivinar el significado de éstas: **disponibilidad, criticar, italianismo, alcance, aumento.**

El imperialismo en el siglo XIX fue el resultado de un esfuerzo de los países europeos por establecer colonias en las regiones menos desarrolladas. En el siglo XX, se ha convertido en algo un poco más sutil°—el establecimiento de control económico o político sobre los países que producen materias pri-mas.° Pero en la segunda mitad del siglo XX ha aparecido un elemento aún más sutil, según algunos observadores, llamado el «imperialismo cultural». Esto significa, en términos generales, la dominación de una cultura por otra. Se puede lograr con la introducción de productos de consumo con grandes cam-pañas de publicidad o con la presentación a través de los medios de comunica-ción de aspectos atractivos (aunque sean falsos o exagerados) de una cultura extranjera. Por lo general no se considera esa dominación como un esfuerzo consciente° sino como el resultado negativo de las actividades comerciales.

    Primero fue el cine al que se acusó de presentar una imagen falsa de la vida. Las películas norteamericanas eran (y son) muy populares en todo el mundo hispánico. Eran una diversión relativamente barata y atraían° a la gente pobre que no tenía la experiencia ni la educación necesarias para interpretar bien lo que veía. El cine, pues, servía como única fuente de información sobre

subtle

materias... *raw materials*

conscious

attracted

© CHRISTOPHER BROWN/STOCK, BOSTON

Una tienda de electro-domésticos (appliances) *en Veracruz, México*

¿Mira el niño la pantalla (screen) *con interés o está aburrido? ¿Qué clase de programa está mirando?*

el mundo exterior, fuera de° su pueblo o de su región. Si uno piensa en esta situación se puede entender que podía existir cierto peligro.

    Hoy, sin embargo, la televisión recibe la mayor parte de la crítica. Presenta un peligro mayor por dos razones. Un factor importante es que hay mayor cantidad de material disponible y es más accesible a los niños. Si antes la gente iba al cine una o dos veces por semana, ahora puede pasar todas las noches mirando la tele. En cuanto a° la influencia sobre los valores tradicionales, los niños son mucho más susceptibles porque están en el proceso de adquisición de valores. Si consideramos que los niños aprenden sólo el 20 por ciento de lo que saben en la escuela y el 80 por ciento en casa, vemos que la televisión puede tener un efecto tremendo. Podría constituir el 40 por ciento de su experiencia si pasan la mitad de su tiempo en casa mirando la televisión. Si mucho de lo que ven en la televisión refleja otra cultura y otros valores, puede haber° problemas y conflictos. Para una sociedad católica y tradicional la presentación en la pantalla de asuntos como el aborto,° el divorcio y el liberalismo sexual puede tener efectos serios.

    Otro factor negativo de la televisión, según los críticos, es la posibilidad que ofrece de crear esperanzas imposibles entre la gente económicamente desventurada.° En los países en vías de desarrollo,° la clase baja no puede aspirar a alcanzar un nivel de vida comparable con el que ven en los programas de televisión hechos en los Estados Unidos. Esta visión, aun exagerada en los Estados Unidos, ha servido para aumentar el descontento de ese grupo en vez de inspirar esperanzas realistas. Algunos creen que la televisión ha tenido ese mismo efecto en los Estados Unidos. Pero la gran diferencia es que los pobres aquí tienen más posibilidades para mejorar su situación, y la distancia entre ellos y la clase media no es tan grande.

    Las campañas de publicidad en la televisión también pueden tener efectos poco deseables.° Con técnicas creadas por las grandes casas de publicidad norteamericanas, los publicitarios hispánicos promueven° más y más productos, tanto nacionales como importados. En las sociedades económicamente avanza-

fuera... *outside of*

En... *As for*

puede... *there can be*

abortion

unfortunate / en...
   developing

poco... *undesirable*

promote

Una emisora de televi-
sión en San Juan,
Puerto Rico

das esto tal vez sea defensible porque estimula la actividad económica en general. Pero cuando se trata de gente que tiene poco dinero disponible para
lujos,° el efecto puede ser negativo. El convencerles de que si compran un auto   *luxuries*
nuevo serán más felices° no es necesariamente bueno si lo que necesitan es ali-   *happy*
mentarse mejor. El publicitario se defiende diciendo que no hace que nadie
compre nada. Pero todos reconocemos la presión° que se puede crear con las   *pressure*
campañas televisivas. Y la atracción es aun más fuerte para la gente que siente
cierta desesperación° por mejorar su vida.   *desperation*

    Otro efecto en la sociedad en general es la corrupción del idioma con pala-
bras extranjeras. Ocurre principalmente en el área de la publicidad. A los
españoles esto les pareció tan importante que crearon el «Centro Español del
Idioma Publicitario» para evitar° el uso de barbarismos procedentes° de las   *to avoid / coming*
campañas publicitarias. En México, formaron la «Academia Mexicana de Pu-
blicidad» con el propósito específico de defender el idioma de la invasión de
anglicismos. Puede parecer un efecto menor—aceptamos nuevas palabras
extranjeras todos los días—pero cuando una cultura se siente amenazada° por   *threatened*
un vecino económicamente poderoso, es diferente. Esta invasión lingüística
sólo parece un paso° más en el proceso hacia el dominio total.   *step*

En la mayoría de los países, la televisión comenzó bajo el control del gobierno nacional. Hoy día, en la mayoría de los casos, coexisten canales públicos y canales privados. Ocurre que los canales privados comienzan a atraer a un público cada vez más grande y los canales del gobierno pierden cada vez más a sus espectadores. Hay relativamente pocas emisoras locales, de modo que la programación viene generalmente de la capital en forma de retransmisión regional. En todo caso la mayoría de los programas siguen siendo norteamericanos. Ciertos esfuerzos de cooperación en la producción de programas entre los países hispánicos, por ejemplo, han dado resultados° pero el progreso es lento.° Nada menos que los países europeos han visto la necesidad de fomentar° en el Consejo de Europa legislación que requiera que más del 50 por ciento de los programas (excepto las noticias y los deportes) sean de origen europeo porque muchos de los canales privados presentan muchos programas norteamericanos.

han... have had results
slow
developing

En fin, la televisión, como todas la novedades° tecnológicas, nos ofrece nuevas oportunidades y nuevos problemas al mismo tiempo. Queda para nosotros la tarea de aprovecharnos de aquéllas° y de resolver éstos.°

new advances

the former / the latter

Preguntas

A.   Conteste según la lectura.

1. ¿Cómo fue el imperialismo en el siglo XIX?
2. ¿Qué tipos de imperialismo encontramos en el siglo XX?
3. ¿Qué crítica se hacía del cine?
4. ¿Por qué representa la televisión un peligro mayor que el cine?
5. ¿Por qué importa que los niños vean la televisión?
6. ¿Qué asuntos podrían causar problemas en la sociedad hispánica?
7. Según los críticos, ¿qué efecto negativo tiene la televisión entre los pobres?
8. ¿Por qué será difícil desarrollar una industria nacional de la televisión?
9. ¿Cuál es una solución parcial?
10. ¿Qué legislación ha promulgado (*enacted*) el Consejo de Europa?

B.   Conteste estas preguntas personales. Justifique su respuesta en cada caso.

1. En general, ¿cree Ud. que la televisión tenga buena o mala influencia en la sociedad contemporánea?
2. ¿Cree Ud. que la industria publicitaria sea buena o mala para la economía?
3. ¿Cree Ud. que el gobierno o la familia tiene más derecho de decidir qué tipo de programas para niños pueden emitirse en la televisión?
4. En su opinión, ¿debe el gobierno apoyar la televisión educativa?
5. En la televisión comercial, ¿tienen demasiado control las grandes cadenas (*networks*) y los patrocinadores (*sponsors*) sobre el contenido de los programas?
6. En la televisión por cable, ¿debe o no debe haber restricciones sobre el contenido de los programas?

Trozos culturales

TELEVISION

GUÍA

EL CINE EN CASA

Un hermoso sueño

LUNES 23

▼▼ **MAMA CUMPLE CIEN AÑOS,** de *Carlos Saura.* Con *Rafaela Aparicio, Geraldine Chaplin* y *Amparo Muñoz.* Segunda Cadena, a las 21.10. Color. 1979. 90 minutos.

La familia se reúne en torno a la madre centenaria. También vuelve Ana, la antigua institutriz.

▼ **DIVORCIO A LA AMERICANA,** de *Don Weiss.* Con *Darren McGivin* y *Denise Nickerson.* Primera Cadena, a las 2.00. Color. 1978. 97 minutos.

Un ejecutivo americano, que se ha divorciado recientemente, encuentra a una extravagante joven.

MARTES 24

▼ **LA HORA FINAL,** de *Stanley Kramer.* Con *Gregory Peck, Ava Gardner* y *Fred Astaire.* Primera Cadena, a las 22.20. Blanco y negro. 1959. 129 minutos.

Un grupo de hombres que ha sobrevivido en un lugar de Australia a un holocausto nuclear reacciona de muy diversas formas.

▼ **PEQUEÑA REVANCHA,** de *Olegario Barrera.* Con *Eduardo Emiro* y *Elisa Escámez.* Primera Cadena, a las 2.00. Color. 1984. 90 minutos.

Un niño de un pueblo de Venezuela inicia un movimiento personal contra la dictadura militar.

MIERCOLES 25

▼ **LOS CUATRO JINETES DEL APOCALIPSIS,** de *Vincente Minnelli.* Con *Glenn Ford* e *Ingrid Thulin.* Primera Cadena, a las 2.00. Color. 1962. 153 minutos.

Según la novela de Blasco Ibáñez. Aventuras de un español con fondo de la Segunda Guerra Mundial.

JUEVES 26

▼▼ **ROSA LUXEMBURGO,** de *Margarethe von Trotta.* Con *Barbara Sukowa* y *Daniel Olbryschki.* Segunda Cadena, a las 22.05. Color. 1986. 120 minutos.

Rosa Luxemburgo, figura clave en la socialdemocracia

SABADO 28 ▼▼▼ **EL LADRON DE BAGDAD,** de *Raoul Walsh.* Con *Douglas Fairbanks.* Primera Cadena, a las 0.20. Blanco y negro. 1924. 154 minutos.

La vieja película muda de Raoul Walsh ha tenido una puesta a punto con la música de Carl Davis. Con ser esto una agradable novedad, no debe hacer olvidar la hermosura de los decorados y lo ingenioso de las situaciones.

alemana de principios de siglo, fue asesinada cuando se hallaba en plena actividad.

● **EL REPRIMIDO,** de *Mariano Ozores.* Con *Alfredo Landa* e *Isabel Garcés.* Primera Cadena, a las 2.00. Color. 1974. 90 minutos.

Un representante de prendas interiores femeninas decide acabar con su timidez, para poder casarse.

VIERNES 27

● **TENGO DIECISIETE AÑOS,** de *José María Forqué.* Con *Rocío Dúrcal* y *Pedro Osinaga.* Segunda Cadena, a las 17.30. Color. 1964. 100 minutos.

Una niña bien vende la pitillera de su padre para financiar una representación teatral.

▼▼ **ATLANTIC CITY,** de *Louis Malle.* Con *Burt Lancaster* y *Susan Sarandon.* Primera Cadena, a las 22.20. Color. 1980. 100 minutos.

Una jovencita, aprendiz de croupier en Atlantic City, recibe la ayuda de un viejo gangster enamorado platónicamente de ella.

▼ **CESAR Y CLEOPATRA,** de *Gabriel Pascal.* Con *Vivien Leigh* y *Stewart Granger.* Primera Cadena, a las 2.00. 1944. 122 minutos.

Los amores de Julio César y la reina Cleopatra, según la obra de George Bernard Shaw.

MADRUGADA

▼ **EL MEDICO DE STALINGRADO,** de *Geza Radvanyi.* Con *O. E. Hasse* y *Eva Bartok.* Primera Cadena, a las 7.15. 1957. 102 minutos.

Un campo de concentración en Siberia. Los prisioneros nazis resisten los malos tratos gracias a un médico de firme carácter.

SABADO 28

▼▼ **ULISES,** de *Mario Camerini.* Con *Kirk Douglas* y *Silvana Mangano.* Primera Cadena, a las 16.00. Color. 103 minutos.

Homero, autor de la *Odisea,* hizo que su héroe, Ulises, rey de Itaca, pasara mil peripecias antes de volver junto a Penélope.

MADRUGADA

▼ **LA OTRA CARA DE LA LUNA,** de *Eric Clausen.* Con *Peter Thiel* y *Catherine Poul Jupont.* Primera Cadena, a las 4.50. Color. 1986. 89 minutos.

Un hombre sale de la cárcel tras cumplir una condena de dieciséis años. Su delito fue asesinar a su mujer a la que sigue viendo en su imaginación.

▼ **LA CABALGATA DEL CIRCO,** de *Mario Soficci.* Con *Libertad Lamarque, Hugo del Carril* y *Eva Duarte.* Primera Cadena, a las 7.35. Blanco y negro. 1944. 82 minutos.

El circo Arletty recorre la Pampa con un fracaso por saldo. Al final tendrá que cambiar el espectáculo hacia el melodrama.

DOMINGO 29

▼ **PISTA DE CARRERAS,** de *Norman Taurog.* Con *Elvis Presley* y *Nancy Sinatra.* Segunda Cadena, a las 18.00. Color. 1968. 90 minutos.

Un corredor de coches se enamora de una fiel joven a la que cree una admiradora. En realidad es una agente del fisco.

● **FRANKENSTEIN,** de *James Ormerod.* Con *Robert Powell* y *Carrie Fisher.* Primera Cadena, a las 22.30. Color. 1984. 95 minutos.

Un *remake* de la famosa película y de la novela de Mary Shelley.

CLAVE: ▼▼▼ *Muy buena.* ▼▼ *Buena.* ▼ *Interesante.* ● *Mala.*

N.º **896**/30-1-89

Preguntas

1. De las 17 películas reseñadas (*reviewed*), nueve son originales en inglés. ¿Cuáles son?
2. Hay una que es una película norteamericana basada en una novela española. ¿Puede Ud. encontrarla?
3. Hay una película que tiene como actriz a la famosa «Evita» Perón. ¿Cuál es?
4. ¿Cuál es la única película venezolana?
5. ¿Cuál tiene un título inglés sobre la playa?
6. ¿Qué quiere decir *película muda* en la descripción de *El ladrón de Bagdad*?
7. ¿Qué significa *Madrugada* si usan el reloj de 24 horas?
8. ¿Ha visto Ud. alguna de estas películas? ¿Le ha gustado?
9. Los siguientes son algunos programas norteamericanos o programas inspirados en los mismos. ¿Puede Ud. decir cuáles son?

> «La pantera rosa»
> «El precio justo» (el presentador dice «¡A jugar!»)
> «Autopista al cielo»
> «Superagente 86»
> «Juzgado de guardia»

Estudio de palabras

Ud. ya sabe que hay verbos compuestos (*compound*) en español, formados con un verbo y distintos prefijos.

    ¿Recuerda Ud. estos verbos?

mantener	obtener	contener	sostener	detener

¿Y éstos?

componer	disponer	exponer	imponer
oponer	suponer	transponer	

Hay otros grupos de verbos semejantes.

    -traer = *-tract*   **-decir** = *-dict*   **-escribir** = *-scribe*

¿Qué quieren decir estos verbos?

contraer	detraer	substraer	retraer
contradecir	predecir	atraer	transcribir
inscribir	describir	prescribir	subscribir

Y, claro, hay muchos verbos en español que admiten el prefijo **re-** con el mismo sentido que tiene en inglés.

¿Qué significan éstos?

reabrir	reafirmar	reformar	rehacer
recontar	reexaminar	restablecer	reconquistar

Estudio de estructura

Haber **used impersonally.** Remember that the impersonal form **hay** (*there is/ are*) has a corresponding form in every tense: the third person singular—never plural—of **haber**. Here are the forms of **hay**. Note that its infinitive can be used in combination with other verbal expressions.

había	*there was/were*
hubo	*there was/were*
habrá	*there will be*
habría	*there would be*
va a haber	*there is/are going to be*
puede haber	*there can be*
ha habido	*there has/have been*
había habido	*there had been*
ojalá que haya	*I hope there is/are*
ojalá que hubiera	*I hope there was/were*
espero que haya habido	*I hope there has/have been*
esperaba que hubiera habido	*I hoped there had been*

Hay que means *it is necessary to* or *one must*. It also may appear in any tense and is always followed by an infinitive.

Can you express these sentences in English?

1. Si hubiera más comunicación, habría menos incomprensión en el mundo.
2. Habrá habido un accidente; hay dos ambulancias.
3. Hubo tres muertos en el accidente.
4. No ha habido ningún efecto negativo.
5. Va a haber una buena película en la televisión esta noche.
6. Antes de que hubiera televisión la gente iba más al cine.
7. Es imposible predecir qué tipo de televisión habrá en el futuro.
8. Ojalá que haya sol mañana para la fiesta.
9. Dudo que haya habido un programa tan popular.
10. Para que haya buena televisión, tiene que haber un público que la quiera.

Práctica   Repase el **Estudio de palabras** y el **Estudio de estructura**. Luego trate de leer este pasaje sin buscar palabras en el diccionario.

S e ha criticado mucho la televisión en los últimos años. Dicen algunos que
hay demasiada violencia, otros que hay falta de seriedad° en los progra-   *seriousness*
mas, etcétera. Los críticos dicen que hay mucho sexo y violencia en los programas sólo para atraer al público, y que se ha olvidado la responsabilidad social.
También dicen que hay la obligación de ofrecer programas serios—obras dra-
máticas, música seria, noticias y otros programas sobre los problemas del
momento.

Las cadenas responden que están ofreciendo lo que el público quiere. Afir-
man que cuando ponen programas serios, nadie los mira, salvo° algunas excep-   *with*
ciones. El público prefiere los programas más o menos frívolos. Señalan el caso
de los canales educativos que tienen un público menos numeroso que las cadenas comerciales. Parece que todos queremos que haya programas serios,
pero somos pocos los que los miramos.

Las nuevas tecnologías—los sistemas de satélites y de cable y los discos y
cassettes de televisión—podrán cambiar mucho la situación. No necesitan
tanto público y por eso puede haber programas más especializados. Implica,
claro, una pérdida de público para las cadenas comerciales. Habrá que reaccionar de alguna manera a esta nueva situación. Será interesante ver lo que
hacen para mantener su público y su dominio en el futuro. ¿Qué opina usted?

¿Ha entendido Ud. el pasaje? Indique si las frases son **ciertas** (C) o **falsas** (F),
según la lectura.

1. _____ Todos están contentos con la televisión hoy día.
2. _____ Los programas de hoy son tan malos que nadie los mira.
3. _____ Los canales educativos tienen más público que las cadenas
   comerciales.
4. _____ Todos quieren que haya programas serios pero tienden a mirar los
   programas frívolos.
5. _____ Las cadenas comerciales van a tener que reaccionar ante la nueva
   competencia.

En directo

Aunque la televisión ha llegado a ser una fuerza° importante en la comunica-   *force*
ción moderna, la prensa tradicional no ha desaparecido.° Sigue como medio   *disappeared*
básico en el mundo entero con más o menos éxito. Siempre en los gobiernos
opresivos una de las primeras libertades abolidas° es la libertad de prensa, por-   *abolished*
que llega a un público grande. Aquí hay unas observaciones del periódico *El
País* de Madrid sobre la prensa en España. Ha vivido más de una década de
libertad después de la época de Franco, pero parece no haber superado del
todo° esa época de depresión informativa.   *superado... completely
overcome*

El enfermo imaginario

La Prensa también está de moda.° Así lo señala la reciente invasión ensayística° sobre el tema. El que parecía un enfermo envejecido° se ha revelado como un joven, capaz de autorregenerarse° cuando las condiciones externas son favorables. El aumento° de las inversiones° publicitarias y el aprovechamiento° a tiempo de las nuevas tecnologías han dado un vuelco° a lo que se presentaba como una peligrosa situación. La oferta° de información audiovisual había puesto contra las cuerdas° a la información escrita, pero ésta ha sabido salir airosa del embate.°

Hace algunos años,... muchos estudiosos de los medios anunciaron con total seriedad que la prensa escrita tenía los días contados, que iba a sucumbir bajo las fauces° inevitables de la radio, la televisión y de las nuevas tecnologías. Eran predicciones que han resultado erróneas... La Prensa diaria española vive la mejor etapa° económica de su historia. El año 1987 ha sido especialmente beneficioso...

El lado oscuro y no triunfalista° es, sin embargo, que los periódicos españoles mantienen un índice de difusión° tres veces menor al de la media° europea... España, con menos de 80 ejemplares° por 1.000 habitantes, continúa sin salir del nivel de subdesarrollo de lectura° marcado por la UNESCO.

de *El País*, febrero 1989

de... *in style*	
of essays / aged	
renew itself	
growth / spending	
exploitation	
han... *have turned around*	
offer / ropes	
salir... *to come out of the attack with flying colors*	
grasp	
stage	
lado... *dark and negative side*	
circulation	
average / copies	
nivel... *category of underdeveloped in reading*	

Preguntas

1. ¿En qué área ha salido bien la Prensa española? ¿En qué se ha quedado detrás del (*behind*) resto de Europa? ¿Cuáles podrían ser algunas causas de esta situación?

2. En su opinión, ¿la prensa escrita siempre existirá o desaparecerá como han pronosticado (*predicted*)? ¿Cree que es sólo cuestión de tiempo o que hay algo necesario en la palabra escrita? Si responde que sí, ¿qué es?

3. ¿Qué periódico lee Ud.? ¿Hay un periódico en su universidad? ¿Lo lee Ud. regularmente? ¿Por qué sí o por qué no? ¿Lee un periódico local? ¿uno nacional o internacional?

Una última ojeada

VOCABULARIO ÚTIL

el/la lector(a) *reader*
situarse *to be situated*

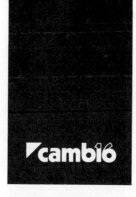

camb16

LIDER EN LECTORES

Según los últimos datos del Estudio General de Medios (EGM) de 1988, CAMBIO 16 se sitúa en cabeza de las revistas de información general en número de lectores. Cada semana, 771.000 españoles leen CAMBIO 16. Gracias a todos ellos.

cambió

Preguntas

1. ¿Qué tipo de revista es *Cambio 16*? ¿Cuál sería una revista equivalente en los EE.UU.?
2. ¿Por qué publica *Cambio 16* esta noticia? Este anuncio salió en *Diario 16*, que es un periódico. ¿Habrá una relación entre los dos?
3. ¿Lee Ud. muchas revistas? ¿Cuáles lee regularmente? ¿Lee algunas sólo de vez en cuando? ¿Cuáles?
4. ¿Cree Ud. que las revistas sirven un propósito muy único? ¿Cuál es? ¿Cómo se distinguen de los periódicos generalmente? ¿Cómo se distinguen en lo que ofrecen de lo de la televisión?

El viajar

La oficina de Correos de Cuzco, Perú

© PETER MENZEL

¿Ha hecho Ud. un viaje al extranjero? ¿Le gustaría viajar a un país extranjero?

Estudio preliminar

Estudie estas palabras y expresiones antes de comenzar a leer.

VERBOS

coger (j)   *to get, grab*
inscribirse   *to register*

SUSTANTIVOS

el abrazo   *hug*
el camión   *bus* (Mex.)
la dirección   *address*
la inmigración   *passport check point*
el/la loco/a   *crazy person*
el principio   *beginning*

ADJETIVOS

cariñoso   *affectionate*
extraño   *strange*
lento   *slow*

OTRAS PALABRAS Y EXPRESIONES

en el (al) extranjero   *abroad*
el modo de vivir   *way of life*
sano y salvo   *safe and sound*
volver (ue) a + *inf.*   *to do (something) again*

¿Hay cognados en la lista? ¿cognados falsos? Usando las palabras de la lista, trate de adivinar el significado de éstas: **locura, principiar, lentitud**.

Sevilla, 22 de junio, 1989

Querida° Cathy,   *Dear*

Como te prometí, te estoy escribiendo en español para que practiquemos todo lo posible mientras estudiamos en el extranjero este verano. Espero poder comunicarte todas mis experiencias del viaje. Fue una verdadera aventura casi desde el momento en que el avión salió de Newark.

Primero, una hora después de despegar° el avión, se me ocurrió buscar mis   *take off*
cheques de viajero. No los llevaba en la cartera° porque había tantos (ya sabes,   *wallet*
para todo el verano). Creía que los tenía en la maleta que iba a llevar a bordo del avión, pero cuando los busqué no estaban. Podían estar en la maleta
grande que facturé° en el aeropuerto, pero era un vuelo sin escalas° a Madrid y   *I checked / sin... nonstop*
no había manera de averiguarlo° antes de llegar. Como te puedes imaginar,   *to find it out*
pasé el resto del vuelo nerviosísimo. Al aterrizar,° corrí como loco a la con-   *landing*
signa de equipajes.° Después de media hora de espera nerviosa, me di cuenta   *consigna... baggage room*
de que me había equivocado de salón° y tuve que correr a otro. En fin,   *room*
encontré la maleta, la abrí, y... allí estaban los cheques. Al pasar por la aduana
e inmigración me revisaron° todo dos veces. Creo que era porque estaba   *they checked*
cubierto de sudor° y estaba respirando muy fuerte° por haber corrido tanto.   *sweat / respirando... breathing heavily*
Les habré parecido muy extraño.

Como sabes, vive en Madrid un amigo de mi abuelo. Me había hecho una
reservación en un hotel—modesto pero muy apañado°—en el centro. Era una   *satisfactory*

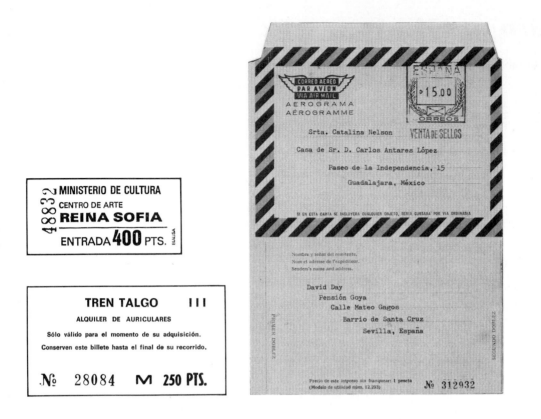

habitación sencilla con baño que daba a° una plaza pequeña de barrio. Pasé   daba... *overlooked*
tres días como turista en Madrid: visité el Museo del Prado y el Centro Reina
Sofía (son magníficos). También fui en una excursión en autobús a Segovia y
Ávila.

El próximo paso° fue tomar el tren a Sevilla. Pedí en el hotel que me lla-   *step*
maran a las ocho para tener tiempo para el desayuno. Me llamaron pero me
volví a dormir. Me desperté cuando faltaban solamente quince minutos para
que saliera el tren. Felizmente había hecho las maletas y había pagado la
cuenta del hotel la noche anterior. Cogí las maletas y corrí a la estación. Lle-
gué a las nueve en punto—la hora en que debía salir el tren. Subí al tren inmediatamente y encontré asiento. Vi que todavía llegaba gente a las nueve y cinco
y el tren salió a las nueve y diez. Comienzo a entender que hay aquí una actitud totalmente distinta hacia el tiempo.

Bueno, después de siete horas y media de viaje llegamos a Sevilla. No me
había dado cuenta de que si pagas un poco más puedes tomar un tren rápido y
el viaje es mucho más corto. Los horarios son un poco difíciles de leer al principio porque hay como cinco tipos de trenes en el sistema español. Pero voy
aprendiendo poco a poco.

Al llegar a Sevilla encontré con poca dificultad la oficina del programa. Me
inscribí oficialmente en dos clases de español avanzado y me llevaron a mi residencia. Es una pensión en el barrio de Santa Cruz llena de estudiantes extran-

© LARRY MANGINO/THE IMAGE WORKS

Una obra del famoso pintor español, El Greco, en el Museo del Prado de Madrid

jeros que están aquí para el programa. Hay dos japoneses, un sueco° y dos alemanas además de varios estudiantes españoles. Es interesante que el único idioma que tenemos en común es el español, de modo que° hablamos en español todo el tiempo.

Swede

de... so

La pensión está bajo la administración de una viuda° con tres hijos (que *widow*
también viven aquí). Es casi como vivir con una familia puesto que comemos
juntos todos los días. Hasta ahora ha sido una experiencia muy buena.

No tenemos clases este viernes y creo que otros tres estudiantes extranjeros
y yo vamos a tomar el tren a Málaga para visitar la Costa del Sol y pasar un
poco de tiempo en la playa. Pienso más tarde ir en tren a Córdoba y a Granada para ver esas ciudades. Uno de los estudiantes españoles tiene su familia
en Arcos de la Frontera, un pequeño pueblo al sur de Sevilla. Me ha invitado a
pasar un fin de semana con él en su casa. La semana pasada fuimos algunos a
ver el Parque Nacional Doñana que queda cerca de Sevilla. Es un paisaje
increíble° y lleno de pájaros exquisitos. *incredible*

Cuando terminen las clases pienso hacer una excursión de dos semanas
por Portugal, Galicia y el País Vasco antes de volver a Madrid. Tengo muchas
ganas de ver otras regiones de España. Parece que el verano va a ser muy
corto.

Si me pides mis impresiones hasta ahora de España, te diré que son bastante favorables. La gente ha sido muy amistosa y la vida ha sido cómoda.
Sólo conozco dos ciudades hasta ahora, Madrid y Sevilla. Son bastante diferentes. Madrid parece más europea mientras Sevilla tiene un carácter muy semejante a las grandes ciudades de Hispanoamérica. Se ve fácilmente que los
andaluces eran los pobladores de América. Tanto su acento como su modo de
vivir son semejantes. Hay que acostumbrarse a una vida más lenta que en
Newark pero eso me gusta mucho.

Las facilidades de transporte público son excelentes. Se puede ir a
cualquier lugar en autobús. También es posible andar a pie a muchas partes.
Los sevillanos parecen vivir en la calle a todas horas menos durante las horas
de la siesta. Tengo que acostumbrarme también a no acostarme hasta muy
tarde. Salgo de clase a las ocho y luego muchos de los estudiantes pasan varias
horas de la noche charlando en los bares cerca de la universidad. Me parece
que es una costumbre muy agradable. Tengo la oportunidad de conocer a los
estudiantes españoles en un ambiente menos formal y más auténtico.

Ayer fui a ver la catedral, una de las mayores del mundo. Mañana voy a
ver el Alcázar.° Están muy cerca de donde vivo. Hay muchísimas cosas que ver *fortress*
este verano, pero creo que lo que más me divierte es pasearme por las calles
por la tarde. Es una ciudad hermosísima.

Las clases son buenas pero estoy seguro de que estoy aprendiendo más
fuera de las clases—en la pensión y con los amigos.

Casi es hora de ir a clase. Ahora que sabes la dirección me puedes escribir
sobre tus experiencias hasta la fecha° en Guadalajara. ¿Cómo fue el viaje? *hasta... to date*
¿Dónde vives? ¿Cómo son tus clases? ¿Tienes muchos amigos nuevos? Escríbeme en cuanto puedas. Mientras tanto, recibe un abrazo cariñoso de tu mejor
amigo,

David

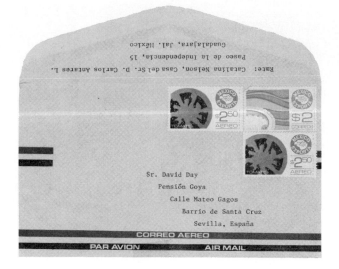

Guadalajara, 3 de julio, 1989

Querido David,

Me reí mucho al leer tus aventuras del viaje. Afortunadamente mi viaje fue un poco más convencional. Me alegro de que hayas llegado sano y salvo a Sevilla y que todo haya ido bien hasta ahora. Por tu descripción de Sevilla me dan ganas de° estar allí contigo. Tal vez podamos ir algún día. En fin, me encanta Guadalajara también.

me... it makes me want

Como sabes, salimos Julia y yo un día antes que tú. Tuvimos que cambiar de avión en Dallas y llegamos a la Ciudad de México como a las cuatro de la tarde. No sé si te acuerdas, pero nuestra profesora de español nos había dado el nombre de un hotel en México y fuimos allí. El único problema fue que perdieron mi maleta. Pero hice una reclamación° y me llamaron al día siguiente y dijeron que la habían encontrado en Dallas. Llegó esa noche y me la entregaron° en el hotel. Así que no fue un gran problema.

claim

they delivered

Pasamos una semana en la capital. Fue bastante divertido.° Visitamos el Museo de Antropología, el Palacio de Bellas Artes, el parque de Chapultepec y varios otros lugares de la ciudad. Es una ciudad magnífica, emocionante° y sobre todo grande. Fuimos dos veces al teatro y una vez al cine en esa semana. No sé de dónde me vino la energía, pero parece que la emoción me sostiene cuando estoy de viaje.

enjoyable

exciting

Después de la semana en la capital vinimos a Guadalajara para comenzar las clases. Vinimos en camión para poder ver el paisaje durante el viaje.

Guadalajara es una bella ciudad provinciana llena de edificios coloniales junto a edificios muy modernos. Julia y yo estamos viviendo juntas en una casa particular con la familia Antares. Son una familia joven con dos niñitos, Beto y Carlitos. Nos han tratado como de la familia desde el principio y nos incluyen

El Teatro Degollado en
Guadalajara, México

en todos sus planes. Siempre vamos con ellos a visitar a la familia de la hermana de la señora. La otra noche nos llevaron a un club nocturno° donde   club... *nightclub*
vimos un conjunto fenomenal. Es una gran ventaja tener una familia tan ama-
ble aquí. Además de hablar mucho el español, podemos hacer preguntas sobre
las cosas que no entendemos. La señora es profesora de inglés en un colegio y
él es ingeniero en una agencia del gobierno.

Las clases son un poco desorganizadas pero los profesores parecen buenos.
Me imagino que después de una semana todo estará más calmado. Tengo una
clase de literatura mexicana y una de conversación. Me parece que me van a
ayudar mucho para prepararme para las clases de la universidad cuando
vuelva.

Nosotros también estamos pensando hacer algunos viajes durante los fines
de semana. Nuestra familia ha prometido llevarnos a Puerto Vallarta la semana
que viene para pasar unos días en la playa. Pensamos hacer una excursión
también por la región colonial de Guanajuato antes del fin del verano. Cuando
terminen las clases, vamos a volver a Newark pasando por Mérida donde
pasaremos unos días y veremos las ruinas de los antiguos indios.

Puesto que vivimos un poco alejadas° de la universidad (como media hora   *far*
en camión), no hemos conocido a muchos estudiantes mexicanos. Pero sí
hemos conocido a muchos amigos y familiares de los Antares. Aquí en Guadalajara vive casi toda la familia de los dos y siempre hay gente de visita en casa.
Es una experiencia distinta de la tuya, pero de igual valor si uno quiere entender la cultura hispánica. Es interesante ver la realidad de todas esas cosas que
aprendimos en la clase de español. Ojalá que pudiera pasar más tiempo aquí.
Como dijiste, el verano va a parecer muy corto. No me gusta pensar en eso,
pero sólo nos queda un mes de clases. Como a mediados° de agosto estaremos   Como... *About the middle*
de vuelta en Newark. ¿Cuándo vuelves tú? Escríbeme en cuanto sepas y te
busco en el aeropuerto para darte un beso° de bienvenida.°   *kiss / welcome*

Me despido ahora porque la señora acaba de llamarnos a comer. Creo que
vienen unos primos a comer con nosotros. ¡Que te sigas divirtiendo! Creo que
la experiencia ha de ser inolvidable° para los dos.   *unforgettable*

Abrazos y besos cariñosos de

Cathy

Preguntas

A. Conteste según las cartas.

1. ¿Por qué está escribiendo David en español?
2. Describa Ud. su problema con los cheques.
3. ¿Por qué revisaron tanto sus documentos?
4. Describa sus tres días en Madrid.
5. Describa su problema cuando quería tomar el tren para Sevilla.
6. ¿Por qué duró tanto tiempo el viaje a Sevilla?
7. ¿Qué hizo al llegar a Sevilla?
8. ¿Dónde y con quién vive en Sevilla?
9. ¿Qué va a hacer este fin de semana y con quién?
10. ¿Qué otros viajes va a hacer antes de volver a Newark?
11. ¿Cuáles son algunas de sus impresiones de España?
12. ¿Por qué no se acuesta hasta muy tarde muchos días?
13. ¿Qué cosas ha visto en Sevilla?
14. ¿Qué cosas quiere saber de Cathy?
15. Describa el viaje de Cathy a la Ciudad de México.
16. ¿Qué hicieron las jóvenes en la capital?
17. ¿Dónde y con quién vive Cathy?
18. ¿Qué viajes planean las jóvenes?
19. ¿A quiénes han conocido en Guadalajara?
20. ¿Por qué va a ser una experiencia inolvidable?

B. Conteste estas preguntas personales.

1. ¿Ud. ha hecho algún viaje inolvidable? Describa lo que más le gustó.
    ¿Tuvo algún problema? ¿Cuál fue?
2. ¿Cree Ud. que estudiar en el extranjero sería una experiencia valiosa? ¿Por
    qué? ¿Qué aprendería?
3. ¿Ha viajado Ud. más en avión? ¿en tren? ¿en autobús? ¿en automóvil?
    ¿Cuál prefiere? ¿Por qué?

Práctica

Pretend you are on a trip that you have taken (or make up a trip you would
like to take). Write a letter to one of your classmates describing the trip, where
you are staying, what you are doing, and your impressions of the place. Pre-
pare an envelope with a fictitious Spanish address (using the models in the
text) and exchange the letters. Be prepared to read aloud the letter you will
receive in class. Then answer the letter.

Trozos culturales

VOCABULARIO ÚTIL

ida y vuelta	*round-trip*	sencillo	*one-way*
Ll. (la llegada)	*arrival*	la tarifa	*fare*
regreso	*return*	el trasbordo	*transfer*
S. (la salida)	*departure*		

TARIFA DE UNIDADES ELECTRICAS, FERROBUSES, OMNIBUS Y AUTOMOTORES 1988

KILOMETROS	Billete sencillo 2.ª clase	Billete ida y vuelta (1)	Tarjeta mensual (2)
Hasta 10	45	70	1.080
11 - 15	60	90	1.405
16 - 20	80	120	1.945
21 - 25	105	160	2.485
26 - 30	125	190	3.020
31 - 35	150	225	3.560
36 - 40	175	260	4.100
41 - 45	195	295	4.640
46 - 50	220	330	5.180
51 - 55	240	365	5.720
56 - 60	265	395	6.260
61 - 65	290	430	6.795
66 - 70	310	465	7.335
71 - 75	330	500	7.875

(1) De expedición diaria, salvo domingos y festivos.
(2) Da derecho a un viaje de ida y vuelta diario. En su itinerario figuran distancias kilométricas.

INFORMACION

- *CORDOBA*   Tel. 47 87 21 - 47 93 02
- *MALAGA*   Tel. 31 25 00 - 21 31 22
- *ALMERIA*   Tel. 25 11 35
- *CADIZ*   Tel. 25 43 01
- *ALGECIRAS*   Tel. 65 11 55
- *HUELVA*   Tel. 24 66 66
- *GRANADA*   Tel. 27 12 72
- *SEVILLA*   Tel. 41 41 11
- *LINARES-BAEZA*   Tel. 65 01 31

SEVILLA ⟶ MALAGA y regreso (Granada-Algeciras)

4385 4384 Autom. (B) (2)	3392 34338 Autom. (A)	6387 6386 Autom. (B) (2)	Km.		ESTACIONES		Km.	6381 6380 Autom. (C) (2)	34337 3391 Autom. (A)	6383 6382 Autom. (C) (2)
7.20	11.10	18.30	—	S.	San Jerónimo	Ll.	—	11.37	18.12	
7.45	12.20	18.52	—	S.	SEVILLA S. B.	Ll.	235	11.17	17.56	21.04
7.57	12.38	19.06	14		Dos Hermanas		221	11.05	17.38	20.52
8.09	12.50	19.18	31	Ll.	Utrera	S.	—	10.52	17.25	20.35
6.00 (1)	10.00	17.10 (1)	—	S.	CADIZ	Ll.	—	12.54	19.53	23.24
7.29	11.25	18.41	—	Ll.	UTRERA	S.	—	11.25	18.12	21.48
8.12	12.53	19.21	—	S.	Utrera	Ll.	204	10.49	17.21	20.32
	13.20		47		La Trinidad		188		16.53	
			61		El Arahal		174			
8.48	13.30	19.58	75		Marchena		160	10.14	16.43	19.57
9.10	13.52	20.22	106		Osuna		129	9.56	16.24	19.35
9.36	14.16	20.46	129		Pedrera		106	9.37	16.04	
9.50	14.30	21.00	142		La Roda And.		93	9.23	15.51	19.04
10.09	14.50	21.19	166	Ll.	Bobadilla	S.	—	9.00	15.27	18.42
—	—	—	—		GRANADA	Ll.	—	12.15	17.48	21.29
—	—	—	—		Bobadilla	S.	—	10.17	15.26	19.30
10.25	15.20	—	—	S.	Bobadilla		—	—	—	—
11.45	16.37	—	—	Ll.	Ronda		—	—	—	—
13.32	18.35	—	—	Ll.	ALGECIRAS		—	—	—	—
—	—	—	—		ALGECIRAS	Ll.	—	13.32	18.35	—
—	—	—	—		Bobadilla	S.	—	10.25	15.20	—
10.15	15.08	21.20	—	S.	Bobadilla	Ll.	69	8.58	15.04	18.41
	15.32		186		El Chorro		49		14.44	
	15.44		198		Alora		37		14.30	
11.14	16.25	22.25	235	Ll.	MALAGA	S.	—	7.55	13.45	17.40

(A) Tren con trasbordo en Bobadilla.   (B) Tren directo a Málaga.   (C) Tren directo a Sevilla.
(1) Sólo circula días laborables.   (2) Suplemento.

Preguntas

1. ¿Cuántos trenes diarios hay de Sevilla a Málaga, según este horario de Renfe (*Spanish Railways*)?
2. ¿Cuánto cuesta ir de Utrera a Marchena? ¿de Málaga a Bobadilla?
3. ¿Ha tomado Ud. muchos trenes? ¿Por qué sí o por qué no? ¿Le gusta el tren como medio de transporte?
4. ¿Por qué no hay más trenes en los EE.UU.? ¿Cree Ud. que hay futuro para los trenes en los EE.UU.? ¿Qué es lo que falta para que el tren sea rentable (*profitable*)?

En directo

El viajar por lo general se asocia con visitas a ciudades antiguas e interesantes
o a monumentos y edificios impresionantes. También, sin embargo, es posible

buscar las cosas naturales cuando viajamos. España ofrece unos lugares interesantes en ese sentido. El artículo que sigue habla de uno de ellos en el suroeste del país.

El Parque Nacional de Doñana

Valores del parque. Son muchas y variadas las razones que justifican la importancia del Parque Nacional Doñana, pero esencialmente se debe a su riqueza faunística° y ecológica, sin olvidar sus singulares valores culturales. — *wildlife*

Desde el punto de vista de la fauna, Doñana constituye una importantísima zona de invernada,° de paso° y de cría° para numerosas especies de aves,° acogiendo° a más de 250 especies entre migradores y sedentarias y a millares° de individuos de algunas de ellas... — *wintering / de... resting / de... nesting / birds / receiving / thousands*

Esta extraordinaria riqueza tiene su razón en las peculiares° características de Doñana: su clima favorable la mayor parte del año, su situación geográfica entre dos continentes, su gran extensión y productividad, su inaccesibilidad, su buen estado de conservación y la gran variedad de biotopos o ambientes distintos que contiene. — *unique*

En lo que se refiere a paisaje, Doñana presenta tres unidades ambientales: el complejo° playa-dunas,° las arenas° estabilizadas o cotos° (o matorral°) y la marisma.° Cada una de ellas posee unas características tanto ecológicas como biológicas muy definidas y de valores notorios,° diferenciándose, a su vez, en cada una, distintos biotopos o subsistemas. — *complex / dunes / sands / enclosed lands / scrub brush / salt marsh / notable*

Por último, hay que resaltar° los valores culturales de Doñana, entre los que destaca la peculiar forma de vida de sus habitantes, que se ha mantenido hasta casi nuestros días, caracterizada por una perfecta adaptación a los recursos° ofrecidos por el medio reflejándose tanto en la vivienda (choza°) como en los diversos usos tradicionales (carbón vegetal, apicultura,° huerto,° etcétera), constituyendo, hoy en día, un ejemplar° testimonio etnológico. — *to emphasize / resources / hut / beekeeping / garden / exemplary*

Como visitar el parque. El Parque Nacional de Doñana dispone de° diversos servicios para los visitantes, que incluye, entre otros, itinerarios en vehículos y peatonales° y centros de acogida° de visitantes... — *dispone... has / pedestrian / reception*

de *ICONA*, Ministerio de Agricultura, Pesca y Alimentación

Preguntas

1. ¿Cuál es la razón más básica por la importancia del parque?
2. ¿Cuáles son algunas señales de la importancia del parque?
3. ¿Le gustaría a Ud. visitar el parque? ¿Qué aspecto del parque le interesa más?
4. ¿Cuáles son algunos de los parques nacionales en los EE.UU.? ¿Ha visitado alguno?

Una última ojeada

CHICAGO, 8 días: 156.800 Ptas.

Salidas: Sábados, regresando los Viernes.

Incluye:

— Transporte en avión de línea regular de IBERIA, clase turista, Madrid-Chicago-Madrid.

— Seis noches en el hotel de lujo HYATT REGENCY, en habitación doble.

— Café o té, por las mañanas, en zona especial.

— Bandeja con dulces franceses en la habitación.

— Botella de vino servida en la habitación.

— Prensa diaria servida en la habitación.

PRECIO POR PERSONA EH HABITACION DOBLE	
Desde: Madrid, Málaga, Santiago, Tenerife y Las Palmas	156.800
Desde: Alicante, Barcelona, Bilbao, La Coruña, Palma de Mallorca, Sevilla, Vigo, Vitoria y Valencia	163.200
SUPLEMENTO: 10 - 24 diciembre	18.500
SUPLEMENTO TASAS DE AEROPUERTO	1.600
VALIDEZ HASTA EL 31 DE MARZO DE 1989.	

Si quiere descubrir lo más genuino de la América de hoy, vuele a Chicago con IBERIA. El estado de Illinois y Chicago son, probablemente, el mejor exponente de los Estados Unidos de finales de los 80. La segunda ciudad en población y la primera desde el punto de vista cultural.

14 Orquestas Sinfónicas, Jazz con sonido propio, 11 Universidades, 600 semanarios, el mayor número de periódicos y la arquitectura y el urbanismo más actual del planeta. Una ciudad asombrosa en un estado pionero. Junto al lago Michigan y en una naturaleza exuberante para practicar cualquier deporte. Con 200 campos de golf, por ejemplo. IBERIA, en colaboración con los más prestigiosos tour operadores, ha preparado toda una serie de posibilidades para disfrutarlas en toda su intensidad. Excelentes condiciones con viaje en vuelo regular IBERIA.

HOTEL HYATT REGENCY DE CHICAGO. Un lugar excitante, al comienzo de la «Magnificent Mile», ofreciendo un acceso inmediato a las más selectas tiendas, restaurantes, night clubs y atracciones culturales.

En el Hyatt Regency de Chicago tiene usted diez restaurante y salones para escoger. Stetson Chop House, especializado en chuletas y filetes al viejo estilo. En Scampi disfrutará usted de su ubicación en una relajante isla con servicio las 24 horas. 2.033 habitaciones ofrecen una dinámica decoración y el toque especial que usted espera de un Hotel Hyatt: radio-despertador AM/FM. Películas por circuito cerrado de TV. Especiales equipamientos en el baño. Frigo-bar completamente equipado y una chocolatina en su almohada todas las noches.

El servicio internacional incluye conferencias telefónicas internacionales en su habitación. Empleados con conocimiento de idiomas y periódicos extranjeros a petición. Soberbia ubicación. Inmejorables facilidades. Una plantilla de profesionales muy bien preparados.

HYATT REGENCY DE CHICAGO... ese toque Hyatt en la «Magnificent Mile» de Chicago.

IBERIA, Líneas Aéreas de España, no se hará responsable de cualquier acto, omisión o eventualidad durante el tiempo que los pasajeros permanezcan fuera de los aviones.

Preguntas

1. ¿Ha estado Ud. en Chicago? ¿Le parece bien esta descripción en general? ¿Por qué sí o por qué no?

2. Si fuera Ud. extranjero/a, ¿qué ciudad preferiría visitar en los EE.UU.? ¿Por qué?

3. Si la peseta vale 115 al dólar, ¿qué le parece el precio del viaje? ¿Por qué requiere un suplemento entre el 10 y el 24 de diciembre?

Appendixes

Appendix 1: Answers to Reading Strategies Exercises

Unidad 2: **1.** The old man looks at the dry desert. **2.** The rushing rivers enter the immense ocean. **3.** The tall traveler is visiting the southern coast. (Remember that adjectives in Spanish sometimes consist of phrases with **de**.)

Unidad 3: **1.** brother-in-law **2.** far (away) **3.** lie **4.** computers

Unidad 4: My friend Juan arrived last Sunday evening. / He would like to spend more time here with me but he can't.

Unidad 5: **1.** tengo/quiero **2.** geólogos/ingeniera **3.** tiene/da **4.** dedicado/trabajador

Unidad 6: **1.** Rosario = a place **2.** Rosario = a person (or an animal) **3.** Cardona = a person; Ronda = a place **4.** Cardona = a place; Cárdenas = a person **5.** recámara = a place or something you sit on (it actually means *bedroom*) **6.** cuñado = a person or something you sit down with (it actually means *brother-in-law*)

Unidad 7: **1.** Elena, look for the statue. Elena is looking for the statue. **2.** Elena looked for the statue. Elena, I'm looking for the statue. **3.** Mr. Gómez, wait here. Mr. Gómez is waiting here. **4.** Juanito, cross the street here. Juanito crosses the street here.

Unidad 8: **1.** Compro = I buy; Compró = He bought **2.** Dejé = I left; Deje = Leave (Ud.) **3.** Llevan = They carry; Llevaban = They carried **4.** Recogí = I picked up; Recogía = I (He/She/You) used to pick up

Unidad 12: **1.** I was going **2.** that he reject **3.** I change, exchange, change **4.** the potato

Unidad 13: **1.** I prefer coffee with milk; Susan, on the other hand, prefers it black. **2.** Do you like Spanish omelettes, that is, with eggs and potatoes? **3.** I'm getting fat. Anyway, I'm going to try the dessert. **4.** John loves shellfish; that's why he lives close to the sea. **5.** Don't eat now. Wait, rather, until lunch.

Unidad 14: **1.** Mañana vamos a mirar la televisión / porque van a estrenar la nueva telenovela / que ha montado Pedro Almodóvar / después de ser candidato al premio Oscar. **2.** Los chicos piensan quedarse aquí / y terminar el reportaje / mientras nosotros ayudamos a Elena / a preparar el noticiero / que tiene que emitir esta noche.

Appendix 2: Answers to *Práctica* Exercises

Unidad 1: 1. C 2. F 3. C 4. C

Unidad 2: 1. On visiting a new country, we always learn new things.
2. This allows us to observe (the) differences and form new opinions.
3. It's necessary to observe and understand the way of life (manner of living, life style) of other cultures.

Unidad 3: Paragraph 1—Number 3; Paragraph 2—Number 2

Unidad 4: 1. F 2. F 3. C

Unidad 5: 1. F 2. C 3. C 4. F

Unidad 6: 1. prisionero, la prisión 2. amor 3. una avecilla 4. ballestero

Unidad 7: Number 2

Unidad 8: 1. hispánico 2. norteamericano 3. norteamericano
4. hispánico

Unidad 9: 1. C 2. F 3. F 4. C 5. C 6. C

Unidad 10: 1. C 2. F 3. F 4. C 5. C

Unidad 11: 1. C 2. F 3. C 4. F 5. C

Unidad 12: 1. F 2. C 3. C 4. C

Unidad 13: 1. F 2. C 3. C 4. F

Unidad 14: 1. F 2. F 3. F 4. C 5. C

The answer to the **Preguntas** section in **Unidad 8** is *Spain*. The clues are
(1) The **vosotros** form of address is used colloquially only in Spain. (2) **Pesetas**
are the monetary unit of Spain. (3) Sevilla is in Spain. (4) **Gambas** is the word
used for shrimp in Spain. It's **camarones** in Spanish America. (5) Spain is the
only Hispanic country with a king. (6) A **tortilla** is an omelette in Spain, while
in Mexico it is a type of flat bread. Juana would not make just one Mexican
tortilla for a meal.

Vocabulary

The Vocabulary contains all of the Spanish words used in this text, with their meanings as used in the text, with the following exceptions: (1) identical cognates; (2) close cognates that are guessable in context; (3) words glossed only once in the text; (4) verb forms; (5) diminutives ending in **-ito/a**; (6) absolute superlatives ending in **-ísimo/a**; (7) the definite articles; (8) adverbs formed from adjectives that appear in the Vocabulary or that are identical cognates; (9) regular participles of verbs appearing in the Vocabulary; and (10) cardinal numbers. Gender is indicated for all nouns not ending in **-o/a**, and stem and spelling changes are indicated after appropriate verbs. The conjugation of verbs marked (*irreg.*) may be found in Appendix 3 of *Puertas a la lengua española*.

The following abbreviations are used:

adj.	adjective	*Mex.*	Mexico
adv.	adverb	*n.*	noun
cont.	contraction	*obj. of prep.*	object of preposition
conj.	conjunction	*p. p.*	past participle
d. o.	direct object	*pl.*	plural
f.	feminine	*poss.*	possessive
fam.	familiar	*prep.*	preposition
form.	formal	*pron.*	pronoun
i. o.	indirect object	*refl. pron.*	reflexive pronoun
inf.	infinitive	*s.*	singular
inv.	invariable	*Sp.*	Spain
irreg.	irregular	*subj. pron.*	subject pronoun
L. A.	Latin America	*v.*	verb
m.	masculine		

SPANISH–ENGLISH VOCABULARY

A
a to; at (*with time*)
abandonar to abandon
abandono abandonment
abierto/a *p. p.* (**abrir**) opened; *adj.* open
abogado/a lawyer

abono season ticket, pass
abrazar (c) to hug, embrace
abrazo hug, embrace
abrigo overcoat
abrir to open
abuelo/a grandfather/grandmother
aburrido/a bored

acabar de + *inf.* to have just (*done something*)
academia academy
acción *f.* action
acento accent
aceptación *f.* acceptance
aceptar to accept

acerca de *prep.* about
acogida *n.* welcome
acompañar to accompany
acontecimiento event
acordarse (ue) (de) to remember
acordeón *m.* accordion
acostarse (ue) to go to bed
acostumbrarse (a) to become accustomed (to)
actitud *f.* attitude
actividad *f.* activity
actriz *f.* (*pl.* **actrices**) actress
actuación *f.* performance
actual present-day, current
actualidad *f.* present (*time*); **en la actualidad** currently, at the present time
acuerdo: de acuerdo in agreement, in accordance
además (de) besides, moreover, in addition to
adentro *adv.* inside
adiós good-bye
adivinar to guess
adonde (to) where; **¿adónde?** where (to)?
adoptar to adopt
adoptivo/a adopted, adoptive
aduana *s.* customs
aéreo/a *adj.* air
aeropuerto airport
afectar to affect
aficionado/a fan; amateur
afortunadamente fortunately
agacharse to bend over; to crouch
agosto August
agradable pleasant, agreeable
agrícola *adj., m./f.* agricultural
agruparse to be grouped
aguantar to stand, put up with
ahora now
aire *m.* air; **al aire libre** outdoors
al (*cont. of* **a** + **el**) to the; **al** + *inf.* upon, while, when + *verb form*
alarmante alarming
alba *f.* (*but:* **el alba**) dawn
alcance: al alcance within reach
alcanzar (c) to reach; **alcanzarle a uno** to be enough
alegrarse (de) to be glad (of)
alegre happy
alegría happiness
alemán, alemana *n. and adj.* German; **alemán** *n. m.* German (*language*)
alfabetizar (c) to alphabetize
algo *pron.* something; *adv.* somewhat; **algo de** some
alguien someone, somebody; anyone
algún, alguno/a/os/as some; any
alimentarse to be fed, nourished

alimento food
aliñado/a with sauce or dressing
aliviar to alleviate
alivio relief
alma *f.* (*but:* **el alma**) soul
almacén *m.* department store
alquiler *m.* rent
alrededor de *prep.* around, about
alta *n.* activation, record of entry
alterar to alter, change
alternar to alternate
alteza height
alto/a tall; high
alumno/a student
allí there
ama (*f. but:* **el ama**) **de casa** housewife
amable kind, nice
ambicioso/a ambitious
ambientado/a set, located
ambiente *m.* environment
ambos/as both
amenazar (c) to threaten
amenidad *f.* amenity
ameno/a pleasant
América del Sur South America
amigo/a friend
amistad *f.* friendship
amistoso/a friendly
amor *m.* love; *pl.* love affairs
analizar (c) to analyze
anciano/a *n.* elderly person; *adj.* old; ancient
andaluz(a) (*pl.* **andaluces**) *n. and adj.* Andalusian
andar *irreg.* to walk; to be
anglo/a *n. and adj.* Anglo-Saxon
anglosajón, anglosajona *n. and adj.* Anglo-Saxon
angustiado/a anguished
anoche last night
anochecer (zc) to grow dark
ansiedad *f.* anxiety
ante *prep.* before; in the face of
anterior preceding
antes *adv.* before; **antes de** *prep.* before; **antes (de) que** *conj.* before
anticipado/a *adj.* in advance
antigüedad *f.* antiquity; antique
antiguo/a old, ancient
antropología anthropology
antropólogo/a anthropologist
anunciar to announce; to advertise
anuncio ad; announcement
añadir to add
año year
aparecer (zc) to appear
aparentemente apparently
apartado *n.* sector; **apartado/a** *adj.* isolated
apenas *adv.* hardly; *conj.* as soon as

aperitivo appetizer
aplicación *f.* application; zeal
aplicar (qu) to apply
aportado/a presented
apoyar to support; to lend support to
apoyo support
apreciar to appreciate, value
aprender to learn
aprendiz *m./f.* apprentice
apretar (ie) to squeeze; to be tight
aprobar (ue) to approve; to pass (*a course*)
aprovecharse (de) to make use (of)
aquel, aquella *adj.* that (*over there*); **aquél, aquélla** *pron.* that one (*over there*)
aquí here
árabe *n. m./f.* Arab; *adj.* Arabic
árbol *m.* tree
aridez *f.* aridity
armar to arm; to put together
armónica harmonica
arreglo: con arreglo a adjusting for
arriba *adv.* up, upward
arte *m.* (*but:* **las artes**) art; **bellas artes** fine arts
artículo article
asado/a roasted
asegurar to assure; to confirm
asentir (ie, i) to assent
asesinar to kill, murder
así *adv.* this way, thus; **así que** *conj.* so (that)
asiento seat
asistencia attendance
asistir (a) to attend, go to
asociar to associate
aspiración *f.* aspiration, hope
aspirar to aspire
asumir to assume (*responsibility, control, etc.*)
asunto affair, matter
atardecer (zc) to grow late
ataúd *m.* coffin
aterrizar (c) to land (*plane*)
atracción *f.* attraction
atractivo *n.* attraction; **atractivo/a** *adj.* attractive
atraer (*like* **traer**) to attract
aumentar to increase
aumento increase
aun even; **aun más** even more
aún still
aunque although
auricular *m.* headphone
ausencia absence
ausente *n. m./f.* absent person; *adj.* absent
auténtico/a authentic
auto(móvil) *m.* car, automobile

autobús *m. s.* bus
autónomo/a autonomous
autopista *f.* highway, freeway
autor(a) author
autoridad *f.* authority
autorizar (c) authorize
autoservicio self-service
avance *n. m.* advance
avanzar (c) to advance
Avda. (avenida) avenue
aventura adventure
aventurarse to venture
avión *m.* airplane
aviso notice; warning
ayer yesterday
ayuda aid, help
ayudar to help
azteca *m./f.* Aztec
azúcar *m.* sugar

B

bailar to dance
bailarín, bailarina dancer
baile *m.* dance
bajar to lower; to go down
bajeza meanness, lowliness
bajo/a *adj.* short (*person*); low
    (*thing, place*); bajo *prep.* under
banco bench; bank
banquete *m.* banquet
baño bathroom
barato/a cheap
barbarismo improper usage (*of
    words*)
barrio neighborhood
base *f.* basis
básico/a basic
bastante enough
bebé *m.* infant
beber to drink
bebida drink
beca scholarship; study grant
bello/a beautiful; bellas artes fine
    arts
beneficio benefit
beneficioso/a beneficial
besar to kiss
beso *n.* kiss
bien *adv.* well; está bien it's okay;
    fine; *n. m. pl.* assets, goods
bienvenida *n.* welcome
bilingüe bilingual
bilingüismo bilingualism
blanco/a white
boda wedding
boleto ticket
bondad *f.* goodness
bondadoso/a good, kind
bonito/a pretty
bordo: a bordo (de) aboard
borracho/a *n. and adj.* drunk

bosque *m.* forest
boxeador *m.* boxer
brazo arm
brillante brilliant
brillantez *f.* (*pl.* brillanteces)
    brilliance
británico/a *adj.* British
buen, bueno/a good; buenas tardes/
    noches good afternoon/evening;
    bueno hello (*answering phone*)
    (*L. A.*); buenos días good morning
burla mockery; joke
busca: en busca de in search of
buscar (qu) to look for

C

C/ (calle) *f.* street (*in a written
    address*)
cabeza head
cada *inv.* each, every
cadáver *m.* corpse
cadena chain; (TV) network
caer *irreg.* to fall
café *m.* coffee; café
calavera skull
calculadora calculator
calcular to estimate; to calculate
calidad *f.* quality, worth
caliente hot (*thing*)
calmado/a calm
calor *m.* heat; hacer calor to be hot
    (*weather*)
calle *f.* street
cama bed
camarero/a waiter, waitress
cambiar to change; to exchange
cambio change; exchange; en cambio
    on the other hand
camerino dressing room
caminar to walk
camino road
camión *m.* bus (Mex.); truck
camisa shirt
campaña campaign
campo country; field
canal *m.* channel
canción *f.* song
cansar to tire; cansarse to become
    tired
cantante *m./f.* singer
cantar to sing
cantidad *f.* quantity
capacidad *f.* capacity
capaz (*pl.* capaces) capable, able
captar to capture
cara face
carácter *m.* (*pl.* caracteres) character,
    personality
característica characteristic
caracterizar (c) to characterize
carbón *m.* coal

cárcel *f.* jail
cardíaco/a cardiac, heart
cargo: a cargo de at the expense of
Caribe *m.* Caribbean
cariño affection
cariñoso/a affectionate
carne *f.* meat
caro/a expensive
carrera race; career; academic
    program
carro car (*L. A.*)
carta letter
cartera wallet
casa house, home; firm
casarse (con) to get married (to)
casi almost
casilla small house; dog house
caso case; en caso de que *conj.* in
    case; en todo caso in any case
castellano/a *n. and adj.* Castilian; *n.
    m.* Spanish (*language*)
catalán, catalana *n. and adj.* Cata-
    lonian; *n. m.* Catalan (*language*)
catedral *f.* cathedral
caudaloso/a surging; rushing (*as a
    river*)
ceder to yield, cede
celebrar to celebrate
célula cell
cementerio cemetery
cena dinner, supper
centro center; downtown
Centroamérica Central America
cerca near, nearby; cerca de near,
    close to
cercano/a near, nearby
cero zero
cerrar (ie) to close
cerveza beer
cielo sky; heaven
científico/a *n.* scientist; *adj.* scientific
ciento: por ciento percent
cierto/a certain; a certain; es cierto
    it's true
cine *m. s.* movies; movie theater
circo circus
círculo circle
citado/a cited, quoted
ciudad *f.* city
ciudadanía citizenship
ciudadano/a citizen
civilizar (c) to civilize
claridad *f.* brightness; clarity
clarificar (qu) to clarify
claro/a clear; claro que sí of course;
    está claro it's obvious
clase *f.* class; kind
clásico/a classic(al)
clasificar (qu) to classify
clave *f.* key; clue
cliente *m./f.* customer, client

clima *m.* climate
cocaína cocaine
cocinar to cook
cocinero/a cook
coche *m.* car (*Sp.*)
coger (j) to get; to grab
cognado cognate
colega *m./f.* colleague
colegio school
colocar (qu) to place
combate *m.* battle
combinar to combine
comedia comedy
comenzar (ie) (c) to begin
comer to eat
cometer to commit
comida meal; food
comienzo beginning
como as a; like; since; como si as if
¿cómo? how?; how's that again?;
    ¿Cómo es? What's it like?; ¿Cómo
    está(s)? How are you?; ¡Cómo no!
    Of course!; ¡Cómo que no! What
    do you mean, "No"?
cómodo/a comfortable
compañero/a companion; friend
compañía company
compartir to share
competencia competition
competir (i, i) to compete
complicar (qu) to complicate
componer (*like* poner) to compose
compositor(a) composer
compra purchase; hacer la compra,
    ir de compras to go shopping
comprador(a) buyer
comprar to buy
comprender to understand,
    comprehend
compuesto/a *p.p.* (componer)
    composed
computación *f.* computation
computadora *f.* computer
común common
comunicación *f.* communication
comunicar(se) (qu) to communicate
comunidad *f.* community
con *prep.* with; con tal (de) que
    conj. provided that
concebir (i, i) to conceive
concentrar to concentrate
concurso contest
condición *f.* condition
conducta conduct, behavior
confianza confidence
conjunto (musical) group
conmigo with me
conocer (zc) to know; to be
    acquainted with
conocimiento knowledge
conquista conquest
consciente conscious

consecuencia consequence
conseguir (i, i) (g) to obtain, get
consejo advice; council
conservar to conserve; to keep
consistir (en) to consist (of)
consolar (ue) to console
constituir (y) to constitute
construir (y) to construct
consumidor(a) consumer
consumir to consume
consumo consumption; de consumo
    adj. consumer
contable *m./f.* accountant
contagioso/a contagious
contaminación *f.* contamination
contar (ue) to count; to tell
contemplar to contemplate; to
    look at
contemporáneo/a *n. and adj.*
    contemporary
contener (*like* tener) to contain
contenido *s.* content(s)
contento/a happy, content
contestar to answer
contigo with you (*fam. s.*)
continuo/a continuous
contra against
contradecir (*like* decir) to contradict
contraer (*like* traer) to contract
contrato contract
contribuir (y) to contribute
convencer (z) to convince
conveniente: es conveniente it's
    fitting, appropriate, a good idea
convenio agreement
conversar to talk, converse
convertir(se) (ie, i) (en) to convert,
    change (into)
corazón *m.* heart
correr to run
correspondencia correspondence;
    relation
correspondiente corresponding
corrido type of folk song
corriente typical; ordinary
corto/a short (*in length*)
cosa thing
costa coast
costar (ue) to cost
costo cost
costumbre *f.* custom
crear to create
crecimiento growth
creer (y) to believe
cremación *f.* cremation
crimen *m.* crime; crimen pasional
    crime of passion
crisol *m.* melting pot
cristiano/a *n. and adj.* Christian
criterio criterion
crítica criticism
criticar (qu) to criticize

crítico/a critic
¿cuál? what?; which?; ¿cuál(es)?
    which one(s)?
cualquier(a) any
cuando when; ¿cuándo? when?
cuanto: en cuanto a with regard to
¿cuánto/a? how much?; ¿cuántos/as?
    how many?
cubano/a *n. and adj.* Cuban
cubierto/a *p. p.* (cubrir) covered
cubrir to cover
cuenta bill; darse cuenta de (que) to
    realize (that)
cuento story
cuerda string
cuerpo body
cuestión *f.* matter, question
cuidado care
cuidadoso/a careful
cuidar(se) to take care of (oneself)
cultivar to grow (*a crop, plant, etc.*)
cultivo cultivation; crop
cumplir to fulfill
curación *f.* cure
curativa cure
curso course (*of studies*)
cuyo/a *adj.* whose

CH
chaqueta jacket
charla chat
charlar to chat
cheque *m.* check (*bank*)
chico/a child; boy/girl

D
dar *irreg.* to give; darse cuenta (de)
    to realize
datos *m.* data
de *prep.* of; from
deber (+ *inf.*) should, ought to,
    must; to owe
década decade
decir *irreg.* to say, tell; es decir that
    is to say; querer decir to mean
dedicar (qu) to dedicate
defender (ie) to defend
dejar to leave; to let
del (*cont. of* de + el) of the; from
    the
delimitar to mark the boundaries of
delincuente *m./f.* delinquent;
    criminal
delito crime
demás: los/las demás the rest
demasiado *adv.* too, too much
dentro de inside
dependiente *m./f.* clerk
deporte *m.* sport
derecho right (*legal*)
derivado/a (de) deriving (from)
desafortunado/a unfortunate

desagradable disagreeable
desaparecer (zc) to disappear
desarrollar to develop
desarrollo development
desayunar to eat breakfast
desayuno breakfast
descansado/a rested
descanso rest
descendiente *m./f.* descendant
descomponer (*like* poner) to disturb; to put out of order
desconocer (zc) to fail to recognize; to be unacquainted with
descontento discontentment
describir to describe
descubierto/a *p. p.* (descubrir) discovered
descubrimiento discovery
descubrir to discover
desde from; since
deseable desirable
desear to wish; to desire
desempeñar to play (*a role*); to carry out
desempleo unemployment
desencadenar to unleash, unchain
desencanto disenchantment
deseo desire
desesperación *f.* desperation
deshacer (*like* hacer) to undo
designar to designate
desmovilizar (c) to demobilize
desobedecer (zc) to disobey
desobediente disobedient
desorden *m.* disorder
desorganizado/a disorganized
despedir (i, i) to fire, dismiss; despedirse to say good-bye
despenalización *f.* decriminalization
despenalizar (c) to decriminalize
despertarse (ie) to wake up
desplacer *m.* displeasure
después (de) after, afterwards
destacar (qu) to single out; to make stand out
destinar to earmark
desventaja disadvantage
detalle *m.* detail
detener (*like* tener) to detain
día *m.* day; al día siguiente the next day; hoy día nowadays; buenos días good morning; todos los días every day
diario/a daily
dibujo drawing
diccionario dictionary
diciembre *m.* December
dictadura dictatorship
dicho/a *p. p.* (decir) said; *n.* saying
dieta diet
diferencia difference; a diferencia de unlike

diferenciar to differentiate
difícil difficult
dificultad *f.* difficulty
difunto/a dead person
difusión *f.* distribution
dignidad *f.* dignity
dinero money
dios(a) god/goddess; Dios God
dirección *f.* direction; address
directorio management
dirigir (j) to direct
disco disk; record
discoteca discotheque
discriminado/a discriminated against
discusión *f.* discussion; argument
disponer (*like* poner) to dispose; disponer de to have at one's disposal; disponerse to get ready
disponibilidad *f.* availability
disponible available
distancia distance
distinguir (g) to distinguish
distinto/a different
distribuir (y) to distribute
diversión *f.* entertainment
diverso/a various, diverse
divertir (ie, i) to amuse; divertirse (ie, i) to enjoy oneself, have a good time
DNI (Documento Nacional de Identidad) National ID card (*Sp.*)
docente *adj.* teaching
dólar *m.* dollar
dominar to dominate
domingo Sunday
dominio dominance; domination
don *m.* title of respect used with man's first name
donde where
¿dónde? where?; ¿adónde? where (to)?; ¿de dónde? where . . . from?
doña title of respect used with woman's first name
dormir (ue, u) to sleep
dramatizar (c) to dramatize
droga drug
duda: sin duda without a doubt
dudar to doubt
duende *m.* spirit, "soul"
dulce sweet; pan (*m.*) dulce sweet roll
durante during
durar to last
duro/a hard

E

e and (*used instead of* y *before words beginning with* i *or* hi)
ecuador *m.* equator
echar to throw out
edad *f.* age; Edad Media Middle Ages

edificio building
educativo/a educational
efectivo/a effective
eficaz (*pl.* eficaces) efficient
ejecución *f.* execution
ejecutivo/a *n. and adj.* executive
ejemplificar (qu) to exemplify
ejemplo example
ejercer (z) to practice
ejercicio exercise
él *subj. pron.* he; *obj. of prep.* him
elección *f.* election; choice
eléctrico/a electric(al)
electrificar (qu) to electrify
elegir (i, i) (j) to choose, select; to elect
eliminar to eliminate
elocuencia eloquence
ella *subj. pron.* she; *obj. of prep.* her
ellos/as *subj. pron.* they; *obj. of prep.* them
embargo: sin embargo however, nevertheless
emisora TV station
emitir to broadcast
emocionante exciting
empequeñecer (zc) to make smaller
empezar (ie) (c) to begin; empezar a + *inf.* to begin to (*do something*)
empleado/a employee
empleo job
empobrecer (zc) to impoverish
empresa company, firm
en in; on; at; en fin in the end, finally; en frente de in front of; en seguida immediately; en vez de instead of
enamorado/a lover
enamorarse (de) to fall in love (with)
encantado/a delighted
encantar to enchant
encanto enchantment
encarcelar to jail
encargarse (gu) (de) to be in charge (of)
encerrarse (ie) to enclose oneself
encontrar (ue) to find, encounter
encuesta survey, poll
endurecer (zc) to harden
enemigo enemy
energía energy
enero January
énfasis *m. s.* emphasis
enfermedad *f.* illness
enfermo/a *n.* sick person; *adj.* ill
enfrentar to confront; to face
engordar to get fat
engrandecer (zc) to enlarge
enorgullecer (zc) to make proud
enorme enormous
enriquecer (zc) to enrich; to adorn

enriquecimiento enrichment
enrojecer (zc) to redden; to blush
ensalada salad
enseñanza education
enseñar to teach
ensordecer (zc) to deafen
entender (ie) to understand
enterarse de to find out about; to learn
entero/a entire, whole
enterrar (ie) to bury
entonces then; in that case
entrada ticket (*for movie, sporting event, etc.*)
entrar (en) to enter, go in
entre between, among
entregar (gu) to give over; to hand in
entremés (*pl.* **entremeses**) *m.* hors d'oeuvre; appetizer
entristecer (zc) to sadden
entusiasmo enthusiasm
enviar to send
equilibrado/a balanced
equilibrio balance
equipaje *m.* baggage, luggage
equipar to equip
equipo team; equipment
equivalente *m.* equivalent
escala scale; **sin escala** nonstop (*flight, etc.*)
escandalizar (c) to scandalize
escándalo scandal
escandaloso/a scandalous
escaparse to escape
escaso/a scarce; sparse; small (*amount*)
escena scene
escenario scene; setting
esclavo/a slave
escolar *m./f.* scholar, student
esconder(se) to hide
escribir to write
escrito/a *p. p.* (**escribir**) written
escritor(a) writer
escrupuloso/a scrupulous
escuchar to listen
escuela school; **escuela primaria** elementary school; **escuela secundaria** high school
ese, esa *adj.* that; **ése, ésa** *pron.* that (one)
esfuerzo effort
eso that (*general*); **eso es** that's right; **por eso** for that reason
esos/as *adj.* those; **esos/as** *pron.* those (ones)
espacio space
espacioso/a spacious
espaguetis *m. pl.* spaghetti
español(a) *n.* Spaniard; *adj.* Spanish; **español** *n. m.* Spanish (*language*)

especial special
especialidad *f.* specialty
especialista *m./f.* specialist
especialización *f.* specialization
especializarse (c) to specialize
especies *f. pl.* species
especificar (qu) to specify
específico/a specific
espectacular spectacular
espectador(a) spectator
especular to speculate
espera wait
esperanza hope, expectation
esperar to hope; to wish; to wait (for)
espía *m./f.* spy
espiar to spy
espíritu *m.* spirit
espléndido/a splendid
esplendor *m.* splendor
esponja sponge
espontaneidad *f.* spontaneity
espontáneo/a spontaneous
esposo/a husband/wife
esquela note; notice; **esquela de defunción** death notice
esqueleto skeleton
esquí *m.* skiing
estable *adj.* stable
establecer (zc) to establish
establecimiento establishment
estación *f.* station; season
estadio stadium
estado state; government; national government
Estados Unidos United States
estadounidense *n. m./f. and adj.* of or from the United States
estar *irreg.* to be; **está bien** it's okay; **está claro** it's clear, obvious
estático/a static
estatua statue
este, esta *adj.* this; **éste, ésta** *pron.* this (one)
este *m.* east
estereotipo stereotype
estéril sterile
esterilizar (c) to sterilize
estilo style
estimar to appreciate; to estimate
estimular to stimulate
estipular to stipulate
esto this (*general*)
estos/as *adj.* these; **éstos/as** *pron.* these (ones)
estrategia strategy
estrecho/a narrow
estrella star
estrenar to debut; to premiere
estricto/a strict
estridente strident

estructura structure
estudiante *m./f.* student
estudiar to study
estudio study
estudioso/a studious
estupefaciente *m.* narcotic
estupendo/a stupendous, great
eterno/a eternal
europeo/a European
evitar to avoid
exagerar to exaggerate
examen *m.* exam(ination)
excursión *f.* excursion; trip
exhibir to exhibit, show
exigir (j) to demand
existencia existence
éxito success; **tener éxito** to be successful
explicación *f.* explanation
explicar (qu) to explain
exploración *f.* exploration
exponer *irreg.* (*like* **poner**) to expose
exposición *f.* exhibition
expresar to express
exquisito/a exquisite; wonderful
extender (ie) to extend
extenso/a extensive; extended
externo/a external
extranjero/a foreigner; **en el/al extranjero** abroad
extraño/a strange

F
fábrica factory
fabricación *f.* manufacture
fabricante *m./f.* manufacturer; maker
fabricar (qu) to make
fácil easy
facilidad *f.* facility
facultad *f.* school or college of a university
falda skirt; foothills
falsificar (qu) to falsify
falta lack
faltar to be lacking; to need
fama fame; reputation
familiar *adj.* familiar; family
familiarizar (c) to familiarize
farmacia pharmacy
fascinante fascinating
favor *m.* favor; **a favor de** in favor of; **por favor** please
favorecer (zc) to favor
fe *f.* faith
fecha date
feliz (*pl.* **felices**) happy
fenomenal phenomenal
fenómeno phenomenon
ferrocarril *m.* railroad
festivo/a festive; **día** *m.* **festivo** holiday

fiesta party
fijo/a fixed, set
filosofía philosophy
fin *m.* end; **en fin** in the end, finally;
  fin de semana weekend; **poner fin**
  to end; **por fin** finally
final *m.* end
finlandés, finlandesa *n.* Finn; *adj.*
  Finnish; **finlandés** *n. m.* Finnish
  (*language*)
firma signature; firm (*business*)
flamenco/a *n. and adj.* flamenco
  (*type of music from Spain*)
flexibilidad *f.* flexibility
flor *f.* flower
florecer (**zc**) to flower
formación *f.* training
formalizar (**c**) to formalize
foto(grafía) *f.* photo(graph)
fracasar to fail
fragmentar to fragment, divide
francés, francesa *n. and adj.* French;
  francés *n. m.* French (*language*)
frase *f.* phrase; sentence
frecuencia frequency
frecuente frequent
fresco/a fresh
frío *n.* cold(ness); **frío/a** *adj.* cold
frito/a *p. p.* (**freír**) fried
frívolo/a frivolous
fruta fruit
frutería fruit store
fuente *f.* source
fuera (**de**) outside (of)
fuerte strong
fuerza strength, force
fumar to smoke
función *f.* function
funcionar to function, work
fundado/a founded

G

gallego/a *adj.* Galician; **gallego** *n. m.*
  Galician (*language*)
gamba *s.* shrimp (*Sp.*)
ganar to earn; to win
ganas: tener ganas de to want to; to
  feel like
garantizar (**c**) to guarantee
gastar to spend
gasto expense; expenditure
generalizar (**c**) to generalize
generoso/a generous
gente *f. s.* people
gira tour; performing tour
gitano/a *n. and adj.* gypsy
gobierno government
gracias thank you
gran, grande large, big; great
grandeza greatness
gritar to shout

guerra war
guión *m.* script; screenplay
guitarrista *m./f.* guitar player
gustar to be pleasing
gusto pleasure; taste
gustoso/a pleasing

H

haber *irreg.* to have (*auxiliary*)
habitación *f.* room
habitante *m./f.* inhabitant
habla: de habla española Spanish-
  speaking
hablar to talk; to speak
hacer *irreg.* to do; to make; **hacer**
  preguntas to ask; **hacer un viaje**
  (**una excursión**) to take a trip
hacia toward
hallar to find
hambre *f.* (*but:* **el hambre**) hunger;
  tener hambre to be hungry
hasta *prep.* until, as far as; even;
  hasta que *conj.* until; **hasta luego**
  see you later
hay there is, there are
hazaña feat; heroic deed
hecho *n.* fact; **de hecho** in fact
hecho/a *p. p.* (**hacer**) done
helado ice cream
herencia heritage
hermano/a brother/sister
hermoso/a beautiful
héroe *m.* hero
hijo/a child; son/daughter
hispano/a Hispanic (*person*)
Hispanoamérica Spanish America
historia history; story
histórico/a historic(al)
hogar *m.* home
hombre *m.* man
honradez *f.* (*pl.* **honradeces**) honor
hora hour; **hora de** + *inf.* time to
  (*do something*); **¿Qué hora es?**
  What time is it?; **¿a qué hora?**
  (at) what time?
horario schedule
horrorizado/a horrified
hoy today; **hoy día** currently,
  nowadays
huelga strike
hueso bone
huevo egg
humanidad *f.* humanity
humanitario/a humanitarian
humanizar (**c**) to humanize
humildad *f.* humility
humorístico/a humorous

I

ibérico/a Iberian
idealizar (**c**) to idealize

idéntico/a identical
identificar (**qu**) to identify
idioma *m.* language
iglesia church
igual equal, same
igualdad *f.* equality
ilícito/a illicit, illegal
imagen *f.* image
implicar (**qu**) to implicate, involve
imponer (*like* **poner**) to impose
importar to import; to matter, be
  important
imprescindible indispensable
impresionante impressive, awesome
incluir (**y**) to include
incluso even
incomprensión *f.* lack of
  understanding
incorporado/a incorporated;
  included
indicar (**qu**) to indicate
índice *m.* index; rate
indio/a *n. and adj.* Indian
individualidad *f.* individuality
individuo/a individual
influjo influence
informático/a *n. and adj.* computer
  science
ingeniero/a engineer
inglés, inglesa *n.* Englishman/Eng-
  lishwoman; *adj.* English; **inglés** *n.*
  m. English (*language*)
inmediato/a immediate
inmenso/a immense
inmigración *f.* immigration; passport
  checkpoint
inmigrante *m./f.* immigrant
inmigrar to immigrate
inmortal immortal
inolvidable unforgettable
inscribirse to register
insistir (**en**) to insist (on)
inspirar to inspire
integrar to integrate; to make up
intensidad *f.* intensity
intensificar (**qu**) to intensify
intentar to try
interés *m. s.* interest
interesante interesting
interesar to interest
interponer (*like* **poner**) to interpose
interrumpir to interrupt
intimidad *f.* intimacy
intrigante intriguing
introducir (**zc**) to introduce
inversión *f.* investment
invertir (**ie, i**) to invest
investigación *f.* investigation
invierno winter
ir *irreg.* to go; **ir de compras** to go
  shopping

irritante irritating
isla island
italiano/a *n. and adj.* Italian; **italiano**
 n. m. Italian (*language*)

J
Japón *m.* Japan
japonés, japonesa *n. and adj.* Japanese; **japonés** *n. m.* Japanese
 (*language*)
jefe *m./f.* boss, chief
joven *n. m./f.* young person; *adj.*
 young
jubilarse to retire
juego game
jueves *m. s.* Thursday
juguete *m.* toy
julio July
junio June
junto/a next to; along with;
 juntos/as together
justificar (**qu**) to justify
justo/a fair, right

K
kilo kilogram (*approx. 2.2 lbs.*)
kilómetro kilometer (*approx. .62
 miles*)
Kms. (**kilómetros**) kilometers

L
la *d. o.* you (*form. s.*), her, it
lado side
ladrar to bark
ladrido bark (*of dog*)
ladrón, ladrona thief
largo/a long
las *d. o.* you (*form. pl.*), them
lástima shame, pity; **¡qué lástima!**
 what a shame/pity!
Latinoamérica Latin America
latinoamericano/a *n. and adj.* Latin
 American
le *i. o.* to/for you (*form. s.*), him,
 her, it
lealtad *f.* loyalty
lección *f.* lesson
lector(a) reader
lectura reading
leche *f.* milk
lechuga lettuce
leer (**y**) to read
lejos (**de**) far (from)
lengua language; tongue
lentitud *f.* slowness
lento/a slow
les *i. o.* to/for you (*form. pl.*), them
letrero sign, poster
levantarse to get up
ley *f.* law
libertad *f.* liberty

libre free; **al aire libre** outdoors
libro book
ligero/a light; slight
línea line
lista list
listo/a ready
literario/a literary
litro liter (*1.06 qts.*)
lo *d. o.* you (*form. s.*), him, it; **lo**
 que what, that which; **lo** + *adj.*
 the . . . *part/thing*
localidad *f.* seat (*at a performance*);
 location
loco/a *n.* crazy person; *adj.* crazy
lógico/a logical
lograr to achieve; to succeed in
los *d. o.* you (*form. pl.*), them
lotería lottery
lucha struggle
luego then; **hasta luego** see you later
lugar *m.* place
lujo luxury
lujoso/a luxurious
luna moon
lunes *m. s.* Monday

LL
llamada call
llamar to call
llamarse to be named, called
llegada arrival
llegar (**gu**) to arrive
lleno/a full
llevar to carry; to take; **llevar a** to
 result in
llorar to cry
llover (**ue**) to rain
lluvia rain
lluvioso/a rainy

M
madera wood
madre *f.* mother
madrugada early morning; dawn
maestro/a teacher
magnificar (**qu**) to magnify
magnífico/a magnificent
maíz *m.* corn
mal *adv.* badly; ill; not well
mal, malo/a *adj.* bad
maleta suitcase; **hacer la maleta** to
 pack a suitcase
malevolencia malevolence, ill will
mamá mom, mother
mandamiento commandment
mandar to send
manejar to drive; to run; to manage
manejo management; control
manera manner, way
mano *f.* hand
mantener (*like* **tener**) to maintain

mantequilla butter
máquina machine
mar *m. or f.* sea
maravilloso/a marvelous
marca brand, trademark
marcado/a marked
mariscos shellfish
martes *m. s.* Tuesday
marxista Marxist
más more; most; **más... que** more
 . . . than
materia course, subject
matrimonio marriage
mayo May
mayor larger; older; greater
mayoría majority
mayoritario/a majority
me *d. o.* me; *i. o.* to me; *refl. pron.*
 myself
mecánica *n. s.* mechanics
mecánico/a *n.* mechanic; *adj.*
 mechanical
mediados: a mediados de in the
 middle of
medicina medicine
médico/a *n.* doctor; *adj.* medical
medida measure
medio/a *adj.* half, middle; average,
 intermediate; **medio** *n.* means,
 medium; **en medio de** in the
 middle of
mediodía *m.* noon
mejor better, best
mejorar to improve
melodioso/a melodious
mencionar to mention
menor smaller; lower; lesser; minor;
 younger
menos less; least; **menos... que** less
 . . . than; **por lo menos** at least
mensaje *m.* message
mentira lie
mentiroso/a lying, deceitful
mercado market
mercería sewing-goods store
merecer (**zc**) to deserve
merienda afternoon snack
mes *m.* month
mesa table
meterse to get into, enter
método method
metodología methodology
metro meter; subway
mezcla mixture
mezclar to mix
mi *poss.* my
mí *obj. of prep.* me
miedo fear; **tener miedo** to be afraid
miembro member
mientras (**que**) while; **mientras tanto**
 meanwhile

miércoles *m. s.* Wednesday
mil *n. m. and adj.* a thousand, one thousand
milla mile
millón *m.* million
mina mine
minero/a miner
mínimo/a minimum, minimal
ministerio ministry
ministro minister
minoría minority
mirar to look (at); to watch
mismo/a self; same
mistificar (qu) to mystify
mitad *f.* half
mito myth
moda style, fashion; **de moda** in style
moderado/a moderate
modificar (qu) to modify
modo way; **de modo que** so; **de todos modos** anyway; **modo de vivir** way of life
molestar to bother
monarquía monarchy
montaña mountain
moralidad *f.* morality
morder (ue) to bite
morir (ue, u) to die
moro/a *n.* Moor; *adj.* Moorish
mostrar (ue) to show
mover (ue) to move
móvil mobile
movilidad *f.* mobility
movimiento movement
muchacho/a boy/girl; young person
mucho/a *adj.* a lot, many; *adv.* much, a great deal
mudarse to move (*change residence*)
muerte *f.* death
muerto/a *p. p.* (**morir**) dead, died; *n.* dead person
mujer *f.* woman
multitud *f.* multitude
mundial *adj.* world(wide)
museo museum
música *n.* music
músico/a musician
muy very

N

nacer (zc) to be born
nacimiento birth
nacionalidad *f.* nationality
nacionalizar (c) to nationalize
nada nothing
nadie no one, nobody; not anything
naranja *n.* orange
narcotraficante *m./f.* drug dealer
narcotráfico drug trade
narrar to narrate, tell

naturaleza nature
necesidad *f.* necessity
necesitar to need
negación *f.* negation, denial
negocio business
negro/a black
nervioso/a nervous
ni neither, nor
nieto/a grandson/granddaughter
nieve *f.* snow
ningún, ninguno/a no, none; not any
niñez *f.* (*pl.* **niñeces**) childhood
niño/a child
nivel *m.* level
no no; not
noche *f.* night; **de/por la noche** in the evening, at night
nombrar to name
nombre *m.* name
normal: escuela normal teacher's college
norte *m.* north
norteamericano/a *n. and adj.* North American (*i.e., U.S.*)
noruego/a *n. and adj.* Norwegian
nos *d. o.* us; *i. o.* to/for us; *refl. pron.* ourselves
nosotros/as *subj. pron.* we; *obj. of prep.* us
notar to note, notice
noticias *pl.* news
noticiero newscast
notificar (qu) to notify
novedad *f.* novelty
novela novel
noviembre *m.* November
nuestro/a *poss.* our; (of) ours
nuevo/a new; **de nuevo** again; **¿Qué hay de nuevo?** What's new?
numeroso/a numerous
nunca never
nutritivo/a nutritious

O

o or
obedecer (zc) to obey
obituario obituary
obligado/a obliged
obligatorio/a obligatory, required
obra work
obrero/a worker
observador(a) observer
obsesivo/a obsessive
obtener (*like* tener) to obtain
obvio/a obvious
ocio leisure
ocupar to occupy
ocurrir to occur, happen
oeste *m.* west
oficina office
oficio trade

ofrecer (zc) to offer
oír *irreg.* to hear
ojalá que I wish/hope (that)
ojeada look, glance
ojo eye
olvidar(se) to forget
opinar to be of the opinion; to think
oponerse (*like* poner) to oppose
oportunidad *f.* opportunity
ordenador *m.* computer (*Sp.*)
orgullo pride
orientado/a oriented
oriente *m.* east, orient
origen *m.* origin
originar to originate
oscurecer (zc) to darken
oscuro/a dark
otoño autumn
otro/a other, another; **otra vez** again

P

paciencia patience
pacificar (qu) to pacify
padre *m.* father; *pl.* parents
pagar (gu) to pay
pago payment
país *m.* country
paisaje *m.* landscape
pájaro bird
palabra word
palacio palace
palidecer (zc) to become pale
pan *m.* bread
panadería bakery
pantalla screen (*movie, TV, etc.*)
papel *m.* paper; role
para *prep.* for; in order to; **para que** *conj.* so that
pararse to stand up
parcial partial
parecer (zc) to seem, appear
pareja couple
pariente/a *m./f.* relative
parque *m.* park
párrafo paragraph
parte *f.* part; place
participar to participate
participio participle
particular private
partido game, match (*sports*); (political) party
pasado *n.* past; **pasado/a** *adj.* past
pasaje *m.* passage
pasar to happen; to come in; to spend (*time*); **pasar (por)** to pass (by, through); to move
pasearse to stroll
paseo stroll
pasional: crimen (*m.*) pasional crime of passion

paso step; **de paso** in passing
pastel *m.* pastry
pata leg (*of an animal*); **en cuatro patas** on all fours
patata potato (*Sp.*)
patria native country
patrón *m.* boss; pattern
peatonal *adj.* pedestrian
pedir (**i, i**) to request, ask for; to order (*in a restaurant*)
película movie
peligro danger
peligroso/a dangerous
penetrante penetrating
pensar (**ie**) to think; to plan
pensión *f.* boarding house
peor worse; worst
pequeño/a small
perder (**ie**) to lose; to waste
pérdida loss
periférico: **barrio periférico** suburb
periódico newspaper
periodista *m./f.* journalist
permitir to permit, allow
pero but
perrera doghouse; kennel
perro dog
persecución *f.* prosecution
perseguir (**i, i**) (**g**) to pursue
personaje *m.* character
personalidad *f.* personality
personificar (**qu**) to personify
perspectiva prospect
pesar: **a pesar de** in spite of
pescadería fish market
pescado fish (*when caught*)
peseta *Spanish monetary unit*
peso *monetary unit*; weight
pie *m.* foot; **a pie** on foot; **de pie** standing
pierna leg
pieza room; piece (*of music*)
pintar to paint
piso floor; **piso bajo** ground floor
placer *m.* pleasure
plancha grill
planear to plan
planta floor (*of a building*)
plantear to raise
plato plate; dish
playa beach
pleno/a complete; full; in the middle of
población *f.* population
poblador(a) *m.* settler
pobre poor
pobreza poverty
poco/a *adj.* little, few; **poco** *adv.* little, a little bit; **poco a poco** little by little
poder *v. irreg.* to be able, can; *n. m.* power

poderoso/a powerful
policía *m./f.* police officer; *f.* police force
política *s.* politics; policy
político/a *n.* politician; *adj.* political
poner *irreg.* to put, place; **ponerse** to put on; to become
popular of the people
popularidad *f.* popularity
popularizar (**c**) to popularize
por for; per; by; along; through; during; on account of; for the sake of; **por eso** therefore; **por fin** finally; **¿por qué?** why?
porcentaje *m.* percentage
porque because
portátil portable
portero doorman
portugués, portuguesa *n. and adj.* Portuguese; **portugués** *n. m.* Portuguese (*language*)
posibilidad *f.* possibility
postre *m.* dessert
potencia power
práctica practice
practicar (**qu**) to practice
precio price
precioso/a precious; beautiful
precolombino/a pre-Columbian
predecir *irreg.* (*like* decir) to predict
preferir (**ie, i**) to prefer
prefijo prefix
pregunta question
preguntar to ask
preliminar preliminary
premio prize
prensa (printing) press
preocuparse (**de**) to worry, be concerned (about)
presión *f.* pressure
prestar to lend
pretérito preterite
prima: **materia prima** raw material
primario/a primary; **escuela primaria** elementary school
primavera spring
primer, primero/a first
primo/a cousin
principiar to begin
principio beginning; **al principio** at first
prisa haste; **tener prisa** to be in a hurry
privado/a private
privilegiado/a privileged
privilegio privilege
probar (**ue**) to test; to try, taste
procedente (**de**) coming (from)
proceder (**de**) to come (from)
producir *irreg.* to produce
profundidad *f.* depth
profundo/a deep; profound

prometer to promise
promover (**ue**) to promote
promulgar (**gu**) to promulgate; to pass (*legislation*)
pronto soon
propiedad *f.* property
propio/a (one's) own
proponer (*like* poner) to propose
proporcionar to provide
propósito purpose
proteger (**j**) to protect
provenir (*like* venir) to come; to originate
provinciano/a provincial
provocar (**qu**) to provoke
próximo/a next
Ptas. (*also* Pts.) pesetas *Spanish monetary unit*
publicar (**qu**) to publish
publicidad *f.* advertising; publicity
publicitario/a advertising agent
público *n.* public; audience; público/a *adj.* public
pueblo village, town; townsfolk, common people
puerta door
puerto port
puertorriqueño/a *n. and adj.* Puerto Rican
pues... well . . .
puesto/a *p. p.* (poner) put; **puesto** *n.* job; **puesto que** *conj.* since
punto point; **de punto** knit; **en punto** on the dot
pureza purity
purificar (**qu**) to purify

Q

que that; who; whom; **lo que** what, that which
¿qué? what?; which?
quedar to remain; to have left (over)
quedarse to remain
queja complaint
quejarse to complain
querer *irreg.* to want; to love (*with persons*)
querido/a dear
queso cheese
¿quién(es)? who?; whom?; **¿a quién(es)?** (to) whom?
quiosco kiosk
quizá(s) perhaps

R

raro/a strange, unusual
razón *f.* reason; **tener razón** to be right
reabrir to reopen
reaccionar to react
realidad *f.* reality
realista *m./f.* realistic

realizar (c) to carry out
rebaja price cut
recámara bedroom
recepción f. reception; (hotel) front desk
recibir to receive
recién (reciente) recent
reclamación f. claim
reconocer (zc) to recognize
reconquistar to reconquer
recontar (ue) to recount, relate
recordar (ue) to remember
recorrer to travel through; to go to
rechazar (c) to reject
red f. network; net
referirse (ie, i) (a) to refer (to)
reflejar to reflect
reflejo reflection
refresco cold drink (nonalcoholic); soft drink
refugiado/a refugee
regalar to give (a gift)
régimen m. regime
regla rule
regresar to return
regreso return
rehacer (like hacer) to do over, redo
reina queen
reírse (i, i) to laugh
relación f. relation, relationship; connection
relacionarse to be related, connected
reloj m. watch; clock
remedio remedy; solution
rentable profitable; economically advantageous
reparación f. repair
repasar to review
repente: de repente suddenly
repentino/a sudden
repetir (i, i) to repeat
reportaje m. news report
representante m./f. representative; agent
reprogramación f. reprogramming
requerir (ie, i) to require
resentir (ie, i) to resent
residencia residence, home
resolver (ue) to solve, resolve
respecto: con respecto a with respect to, regarding
responder to answer, respond
responsabilidad f. responsibility
respuesta answer, response
restablecer (zc) to reestablish
resto rest, remainder
resucitar to revive
resultado result
resumen m. summary
retener (like tener) to retain
retraer (like traer) to retract
reunión f. meeting

reunirse (con) to meet (with)
revancha revenge
revelar to reveal
revisar to check
revisión f. check, checkup
revista magazine
rey m. king
rico/a rich
riesgo risk
río river
riqueza richness, wealth
ritmo rhythm
robotizar (c) to "robotize" (fill with robots)
rodeado/a surrounded
rojo/a red
rollo (colloquial) drag; mess
romance m. ballad
romper to break
ropa clothing, clothes
rosa n. rose; adj. m./f. pink
ruido noise
ruidoso/a noisy
ruso/a n. and adj. Russian; ruso n. m. Russian (language)

S

sábado Saturday
saber irreg. to know; saber + inf. to know how to (do something)
sacar (qu) to take out
sacrificio sacrifice
sagrado/a sacred
sal f. salt
saldo conclusion; bargain sale
salir irreg. to leave; to go out
salud f. health
saludar to greet
saludos greetings
salvar to save; to rescue
salvo adv. except; adj. safe
San St. (saint)
sanguíneo: vaso sanguíneo blood vessel
sano/a healthy; sane; sano y salvo safe and sound
santo/a saint
satisfacer (like hacer) to satisfy
se impersonal one; refl. pron. yourself (form.), himself, herself, itself; yourselves (form.), themselves
seco/a dry
secundario/a secondary
sed f. thirst; tener sed to be thirsty
seguir (i, i) (g) to continue; to follow
según according to
segundo/a second
seguridad f. security
seguro/a sure, certain
selva jungle
semana week; fin (m.) de semana weekend

semejante similar
semejanza similarity
sencillez f. (pl. sencilleces) simplicity
sencillo/a simple
sentarse (ie) to sit down
sentido meaning, sense
sentir(se) (ie, i) to feel
señal f. sign; indication
señalar to point out, indicate
señor (Sr.) m. Mr., sir; gentleman; señores (Sres.) Mr. and Mrs.; gentlemen
señora (Sra.) Mrs., madam; lady; wife
señorita (Srta.) Miss; lady
separar to separate
ser v. irreg. to be; n. m. being
sereno night watchman
serie f. s. series
seriedad f. seriousness
serio/a serious
servicio service; auto-servicio self-service
servir (i, i) to serve; to act (as)
sevillana n. typical Andalusian dance
sevillano/a n. and adj. Sevillian
sexo sex
sexto/a sixth
si if
sí yes
siempre always
siglo century
significado meaning
significar (qu) to mean
siguiente following, next; al día siguiente the next day
silla chair
simplificar (qu) to simplify
sin prep. without; sin que conj. without; sin duda without a doubt; sin embargo nevertheless
sindicato (labor) union
sino but (rather)
sitio place
situarse to be situated, located
sobre about; on, above
sobrino/a nephew/niece
sociedad f. society
sofocante suffocating
sol m. sun
solamente only
soledad f. solitude
soler (ue) + inf. to usually, customarily (do something)
solitario/a solitary
solo/a adj. alone
sólo adv. only
sordo/a deaf
sorprendente surprising
sorprender to surprise
sostener (like tener) to sustain; to hold

su *poss.* his, her, its, your (*form. s. and pl.*), their
subir to mount; to climb; to get (up) into (*a car, etc.*)
subjuntivo subjunctive
subscribir to subscribe
substraer (*like* **traer**) to subtract
sucesor(a) successor
sueco/a *adj.* Swedish; **sueco** *n. m.* Swedish (*language*)
sueldo salary
suéter *m.* sweater
sufijo suffix
sufrir to suffer
sugerencia suggestion
sugerir (**ie, i**) to suggest
sujeto/a *adj.* subject
superar to surpass
supermercado supermarket
suponer (*like* **poner**) to suppose; to imply
suprimir to suppress
sur *m.* south
suroeste *m.* southwest
sustancia substance
sustantivo noun
susto fright
sutil subtle
suyo/a *poss.* your (*form. s. and pl.*), his, her, their; (of) yours (*form. s. and pl.*), his, hers, their

T

tal(es) such a, such; **tal vez** perhaps, maybe; **¿Qué tal?** How are you (doing)?
tamaño size
también also
tampoco neither; not either; nor
tan as, so; **tan... como** as . . . as
tanto/a as/so much; **tanto/a... como** as much . . . as
tantos/as as/so many; **tantos/as... como** as many . . . as
tapas *pl.* hors d'oeuvres
tardar to delay
tarde *adv.* late; **más tarde** later; *n. f.* afternoon; **por/de la tarde** in the afternoon
tarea task; homework
tarjeta card
te *d. o.* you (*fam. s.*); *i. o.* to/for you (*fam. s.*); *refl. pron.* yourself (*fam. s.*)
teatral theatrical
teatro theater
técnica technique
técnico/a technical
telenovela soap opera
tele(visión) *f.* television
televisor *m.* TV set

tema *m.* theme
temporada season (*football, symphony, etc.*)
temprano early
tender (**ie**) (**a**) to tend (to)
tener *irreg.* to have; **tener... años** to be . . . years old; **tener calor** to be (feel) warm/hot; **tener cuidado** to be careful; **tener frío** to be (feel) cold; **tener ganas (de)** + *inf.* to feel like (*doing something*); **tener hambre** to be hungry; **tener miedo** to be afraid; **tener prisa** to be in a hurry; **tener que** + *inf.* to have to (*do something*); **tener razón** to be right; **tener sed** to be thirsty; **tener sueño** to be sleepy; **tener suerte** to be lucky
tensión *f.* tension, strain
teoría theory
tercer, tercero/a third
terminación *f.* ending
terminar to finish
término term
terrestre *adj.* of or pertaining to land
tertulia social gathering
tesis *f.* thesis
tiempo time; weather
tienda store, shop
tierra land, ground; earth
tío/a uncle/aunt
típico/a typical
tipo type, kind
título title
tocar (**qu**) to touch
todavía still; yet
todo *n. m.* everything; **todo/a** *adj.* all, every; **de todo** everything
tomar to take; to drink; to eat
tomate *m.* tomato
tono tone (*manner of writing*); tone (*musical*)
tonto/a silly, foolish
toque *m.* touch
torre *f.* tower
tortilla omelette (*Sp.*)
totalitario/a *n. and adj.* totalitarian
trabajador(a) worker
trabajar to work
trabajo work
traer *irreg.* to bring
traficante *m./f.* trafficker; dealer
tráfico traffic; trade
trampa trick
tramposo/a tricky
transcribir to transcribe
tránsito traffic
transponer (*like* **poner**) to transpose
transporte *m.* transportation
tras after
trasladar to transfer

traslado transfer
tratado treaty
tratar (**de/con**) to deal (with); **tratar de** + *inf.* to try to (*do something*)
trato treatment
través: a través de through
tremendo/a tremendous
tren *m.* train
triste sad
tristeza sadness
trozo segment; slice
tu *poss.* your (*fam. s.*)
tú *subj. pron.* you (*fam. s.*)
tumba grave
tuyo/a *poss.* your, (of) yours (*fam. s.*)

U

u or (*before words starting with* **o** *or* **ho**)
últimamente recently, lately
último/a last
un, uno/a one, a, an
único/a only, unique
unidad *f.* unit
unificar (**qu**) to unify
unir to unite; to join together
universidad *f.* university
universitario/a *adj.* university
unos/as some, several, a few
urbano/a urban
usted (**Ud., Vd.**) *subj. pron.* you (*form. s.*); *obj. of prep.* you (*form. s.*)
ustedes (**Uds., Vds.**) *subj. pron.* you (*form. pl.*); *obj. of prep.* you (*form. pl.*)
usuario/a *n.* user
útil useful
utilización *f.* use

V

vacaciones *f. pl.* vacation; **de vacaciones** on vacation
vacante *f.* job opening
vainilla vanilla
valioso/a valuable
valor *m.* value
valle *m.* valley
variado/a varied
variedad *f.* variety
varios/as several; some
vaso (drinking) glass; **vaso sanguíneo** blood vessel
veces: a veces at times
vecino/a neighbor
vehículo vehicle
vejez *f.* old age
velar to keep watch
velorio wake, vigil
vendedor(a) salesperson; seller

vender to sell
venezolano/a *n. and adj.* Venezuelan
venir *irreg.* to come
venta sale; **venta directa** door-to-door sales
ventaja advantage
ventajoso/a advantageous
ver *irreg.* to see; **a ver** let's see
verano summer
veras: de veras really
verdad *f.* truth
verdadero/a true, real
verde green
verdura vegetable
verificar (qu) to verify
vestir (i, i) to dress
veterinario veterinarian
vez *f. (pl.* **veces)** time, occasion; **de vez en cuando** from time to time; **en vez de** instead of; **otra vez** again; **tal vez** perhaps

viajar to travel
viaje *m.* trip; **de viaje** on a trip; **hacer un viaje** to take a trip
viajero/a traveler; **cheque (*m.*) de viajero** traveler's check
vías: en vías de on the way to
vicepresidente *m./f.* vice-president
víctima victim
vida life
viejo/a old
viento wind
viernes *m. s.* Friday
vigente *adj.* valid; in effect
vino wine
visitante *m./f.* visitor
vista view
visto/a *p. p.* (ver) seen
viudo/a widower/widow
vivir to live
vivo/a *adj.* alive, live, living
volante *m.* steering wheel

voluntad *f.* will
volver (ue) to return; **volver a** + *inf.* to do (*something*) again
votar to vote
voz *f. (pl.* **voces)** voice
vuelo flight
vuelta: de vuelta back (*from a trip*); **dar vueltas** to turn
vuelto/a *p. p.* (volver) returned

Y

y and; plus
ya already; **ya no** no longer; **ya que** *conj.* since
yate *m.* yacht
yo *subj. pron.* I
yugoslavo/a *n. and adj.* Yugoslavian

Z

zanahoria carrot
zapato shoe